그대는
꽃입니다

Copyright ⓒ 2014 by Unified Buddhist Church, Inc. All rights reserved. No part of this book may be reproduced by any means, electronic or mechanical, or by any information storage and retrieval system, without permission in writing from the Plum Village Community of Engaged Buddhism, Inc. formerly known as Unified Buddhist Church, Inc.

Korean Translation Copyright ⓒ 2018 by SAYUSU Publishing House
Korean edition is published by arrangement with Cecile B Literary Agency through Imprima Korea Agency

이 책의 한국어판 저작권은 Imprima Korea Agency를 통해 Cecile B Literary Agency사와의 독점계약으로 사유수에 있습니다.
저작권법에 의해 한국 내에서 보호를 받는 저작물이므로 무단전재와 무단복제를 금합니다

그대는 꽃입니다

새로운 시작을 위한
행복한 첫걸음

/

찬콩스님 지음
효석스님 옮김

이해하는 만큼
사랑할 수 있습니다

참된 스승을 만나는 인연은 인생 최대의 행운입니다. 태양 같은 지혜와 연꽃 같은 자비를 갖춘 스승을 만난다면 고통으로 향하는 문을 닫고 행복으로 통하는 문을 열 수 있기 때문입니다.

저는 오래전 틱낫한 스님을 친견하고 나서 대상을 이해하고 사랑하는 능력을 키울 수 있어서 얼마나 다행인지 모르겠습니다. 수많은 선지식과의 만남 중에서 틱낫한 스님을 친견하고 잠시나마 수행지도를 받은 것은 저의 삶을 날마다 새롭게 거듭나게 만들었습니다.

틱낫한 스님의 저서들은 지금까지도 널리 읽혀지고 있습니다. 부처님의 전기소설 〈붓다처럼〉은 부처님을 모시고 수행하던 영산 당시의 승가를 생생하게 담고 있어 오늘날 수행자들이 지침으로 삼아야 할 내용입니다. '이해하는 만큼 사랑할 수 있고 사랑하는 만큼 행복해집니다', '지금 여기가 정토입니다. 만약 아니라면 세상 어디를 가도 정토를 만날 수 없습니다', '마음에는 평화 얼굴에는 미소' 등 평소 스님이 일러주시는 가르침을 이해하게 되면서 한 생각마다 자유와 평화, 행복이 느껴지고 내딛는 걸음마다 맑은 바람이 일어나는 듯합니다. '정토는 고통이 전혀 없는 곳이 아니라 사랑이 있는 곳입니다.'라는 가르침은 고통으로 가득 찬 이 세상을 행복이 꽃으로 피어나는 정토로 변화시킬 수 있다는 희망을 심어 줍니다.

수행공동체 플럼빌리지 승가에는 태양 같은 스승 틱낫한 스님과 은은한 달빛 같은 찬콩스님이 계십니다. 찬콩스님은 이 곳에서 비구니 승가를 이끌면서 전체 플럼빌리지의 살림을 맡아 운영하고 있습니다. 스님은 스승인 틱낫한 스님을 세심하게 보필하는 한편 관세음보살의 자비와 어머니의 사랑으로 수행대중을 자상하게 돌보고 있습니다. 플럼빌리지 승가는 오랜 세월 찬콩스님의 헌신적인 노력이 있었기에 오늘날 세계 최상의 명상 공동체로 성장할 수 있었습니다.

찬콩스님은 그간 틱낫한 스님이 한국을 방문할 때마다 동행하여 명상 수련회를 함께 지도했습니다. 특히 스님은 오래 전부터 '마음에 꽃피우기'라는 독자적인 수행법을 개발하여 플럼빌리지와 세계 각국의 사람들을 치유해오고 있습니다. 스님의 자상한 가르침을 담은 수행서가 한국에서도 출간되기를 바랬는데 이번에 드디어 열매를 맺게 되어 참으로 기쁩니다.

여러분들이 찬콩스님의 〈그대는 꽃입니다〉를 찬찬이 읽고 일상에서 실천한다면 누구든지 스스로가 꽃이고 보석이고 태양이라는 진리를 알게 될 것입니다. 기쁨과 사랑의 묘약을 얻게 되어 고통으로 넘쳐나는 현실을 평화와 행복이 가득한 정토로 변화시키는 주인공이 될 수 있을 것입니다. 저마다 삶의 문제를 안고 살아가는 현대인들에게 상처를 치유하고 따뜻한 위안을 주는 책이라 여겨 일독을 권합니다.

독자들을 위해 마지막까지 정성을 다하여 번역하신 효석스님께 진심으로 감사드립니다. 이 책의 출판을 권한 저와의 인연을 중하게 여기고 오랫동안 인내와 지혜를 모아 책을 만든 사유수출판사 임직원 여러분께도 마음 다해 감사드리며 수희찬탄합니다.

무술년 우계안거 정진중
부산 관음사에서 慚衲 지현知玄 합장

플럼 빌리지의

어머니

찬콩스님

1938년 남부 베트남의 벤 트레(Ben Tre)에서 태어난 찬콩스님은 10대 때부터 빈민가에서 사회 봉사활동을 시작했습니다. 스님은 1959년에 틱낫한 스님을 만났고, 틱낫한 스님을 도와 사회봉사 청년학교를 설립하여 전쟁으로 폐허가 된 외딴 마을들을 도와주었습니다.

틱낫한 스님으로부터 비구니계를 받은 첫 제자인 찬콩스님은 1960년대부터 틱낫한 스님이 이끄는 인도주의적인 사업의 책임자로 활동해 오고 있습니다. 스님은 불교 평화 대표단을 조직하여 1969년 파리 평화 회담에 참석했고, 1970년대에는 평화를 위한 세계 투어를 하며 틱낫한 스님을 도왔습니다. 베트남 고아들을 위한 선도적 후원 사업과 보트

피플을 구하기 위한 인도주의적 노력을 주도하는 데도 중요한 역할을 했습니다. 1980년대부터는 틱낫한 스님을 도와 프랑스 남서부에 플럼빌리지 사원을 건립했고, 오늘날에는 국제 플럼빌리지 승가의 어른 스님으로 자리하고 있습니다.

특히 찬콩스님은 공동체에서 마음에 꽃피우기 수행을 이끌고 있습니다. '마음 꽃피우기 수행'은 전체 4단계 과정으로 자기 자신을 정직하고 깊게 바라보게 하며, 마음챙김을 통해 관계를 소통하는 기회를 줍니다. 우리들이 '마음의 사회봉사 활동'이라고도 부르는 '마음에 꽃피우는 수행'은 현재 전 세계의 부부, 가족, 공동체, 직장에 화해와 치유를 가져오고 있습니다.

차례

추천사_지현스님 • 4
플럼빌리지의 어머니 찬콩스님 • 8

틱낫한 스님의 서문

행복 수행학교에 당신을 초대합니다 • 15

마음 속의 응어리를 푸는 법 | 잘못된 인식에서 벗어나기
사랑을 담아 이야기하기 | 마음에 꽃피우는 수행법
포옹명상 | 이해가 부족한 사랑 | 행복을 만드는 기술

1 어서 와요, 마음에 꽃피우기는 처음이죠?

관계를 치유하는 마음에 꽃 피우기 • 51
마음에 꽃피우기의 단계별 수행 • 53
주의 깊게 듣기 • 65
찬콩스님의 하루 수행일지 • 68
나 자신과 수행 약속하기 • 75

2 당신과 나는 왜 이렇게 다르죠?

무의식 안의 씨앗 • 81

다양한 인식의 씨앗 • 84
인식의 작용 • 88
갈색머리와 까만 눈동자의 남자만 사랑하는 여자 • 93
음식을 남기면 크게 화내는 남자 • 95
설거지를 하지 않는 남자 • 102
서로에 대한 오해 풀기 • 106
화가 나면 말을 멈추기 • 110
우리의 인식은 불완전하다는 것을 알기 • 113

3   우리에겐 칭찬이 필요해요

감사와 행복으로 칭찬하기 • 121
감사와 칭찬 리스트 작성하기 • 123
감사 문화 만들기 • 128
처음 느꼈던 사랑을 떠올리기 • 130
꽃에 물 주듯 칭찬하기 • 133
직장 상사에게 찬사 보내기 • 136
자녀의 노력과 도전을 칭찬하기 • 138

4   미안해요, 내가 사과할게요

진정성 있게 용서 구하기 • 143

5 이해할게요, 당신이 많이 아팠군요

상대방의 마음을 진심으로 물어보기 • 151
결혼과 이혼에 관한 이야기 • 153
진정한 사랑으로 이해하기 • 166

6 당신, 그거 아세요? 나도 많이 아팠어요

나의 마음을 진정시키기 • 173
나의 마음을 표현하기 • 175
예민하고 소극적인 사람과 마음 나누기 • 178
가출한 딸과 마음 나누기 • 179
불륜이 의심되는 남편과 마음 나누기 • 181
불륜을 저지른 남편과 마음 나누기 • 186
제 삼자에게 도움 요청하기 • 189
공격적인 상황에 대처하기 • 190
심각하게 손상된 관계에 대처하기 • 192
소통이 단절된 경우에는 간접적으로 칭찬하기 • 194
감사의 엽서나 이메일 보내기 • 195
의절했던 남동생과 화해하기 • 200
가족끼리 고소하는 일은 안 하기 • 202
치매에 걸린 가족과 수행하기 • 205

7   내가 안아 줄게요

동서양이 결합된 포옹명상 • 211
포옹명상 방법 • 213
30년 결혼생활 후 첫 포옹명상 • 220
아버지의 장례식에서 포옹명상 • 222
깊은 상처를 치유하는 포옹명상 • 224

8   우리는 이제 매일매일 행복해요

지금이 바로 그때입니다 • 231
카미노 드 산티아고에서 마음에 꽃이 피었어요 • 233
가족에게 마음에 꽃피우기를 소개했어요 • 236
어린이들과 함께 마음의 꽃에 물을 주었어요 • 240
손자를 키우며 마음에 꽃이 피었어요 • 242
낯선 사람과 함께 수행하면서 자유를 얻었어요 • 248

아름다운 수행자 찬콩스님 • 261
옮긴이의 말 _효석스님 • 282

틱 낫 한 스님의 서문

행복 수행학교에
당신을
초대합니다

every moment is a gift of life

모든 순간은 삶이 주는 선물입니다

우리는 누군가와 처음 사귀기 시작하면 즐겁고 행복한 마음으로 서로를 알아가려고 합니다. 그런데 처음에는 상대방에 대해서도 잘 모르고 심지어 나 자신에 대해서도 잘 모를 때가 많습니다. 최소 하루 24시간은 함께 생활해봐야 서로의 모습을 조금은 볼 수 있죠. 함께 지내다 보면 전에는 생각하지도 못했던 모습들을 보게 됩니다.

　우리는 대부분 처음 사랑에 빠지면 서로에게 좋은 모습만 보여주려고 합니다. 하지만 시간이 흘러 서로에게 숨기고 있던 면들이 보이기 시작하면 서서히 그동안의 환상이 깨져버리고 맙니다. 어떨 때는 심한 충격까지 받게 되지요. 누군가와 함께 살아가야 하는 현실을 그때야 비로소 실감하게 되는 거죠. 바로 이럴 때 우리는 마음챙김 수행을 해야 합니다. 어렵고 힘든 시기에 수행을 통해 나 자신과 상대방을 깊이 들여다보면서 마음을 추스르지 못한다면 사랑은 지속되기 어렵기 때문입니다.

 마음챙김 수행은 그 자체가 바로 사랑입니다. 플럼빌리지의 행복 수행학교는 연인들이 결혼하기 전에 입학하여 수행하는 곳으로 이 곳에서는 관계회복의 기술인 '깊이 들여다보기(Looking Deeply)'라는 프로그램을 일 년 동안 수행합니다.

 수련생들은 깊이 들여다보는 수행을 통해 그들이 조상들과 사회로부터 물려받은 마음의 양분과 장점을 발견하게 됩니다. 수행을 통해 자기 자신을 충분히 이해하게 되고 마음에 맺힌 응어리도 풀리게 됩니다. 이 과정을 잘 마치면 사랑하는 사람과 이제는 함께 살 준비가 되었다는 졸업증서를 받게 됩니다. 수행은 충분한 시간을 갖고 꾸준히 해야 합니다. 그렇게 하지 않으면 다른 사람들과의 관계에서 다시 어려움을 겪게 될지도 모르니까요.

마음 속의
응어리를 푸는 법

어떤 사람이 우리에게 불쾌하게 말했다고 합시다. 순간적으로 그 사람이 무슨 이유로 그렇게 말했는지 우리는 이해를 잘 못해요. 그래서 갑자기 짜증이 나고 마음에 응어리가 생기게 되죠. 이를 불교 심리학에서는 삼요자나(samyojana) 곧 내면의 족쇄, 매듭 또는 응어리를 말합니다. 마음 안에 있는 응어리는 서로에 대한 이해 부족으로 생겨나는 것입니다.

마음챙김 수행을 하게 되면 응어리가 맺히는 순간을 알아차리게 됩니다. 그것을 푸는 방법까지도 터득하게 되죠. 우리는 분노, 두려움, 후회 같은 감정을 마음 안에 받아들이고 싶지 않습니다. 그래서 부정적인 감정들을 무의식 한쪽 구석에 그냥 묻어 버리고 말죠. 그러한 부정적인 감정의 존재를 거부하기 위해서 아주 정교한 방어장치도 만들어 놓습니다. 하지만 안타깝게도 그 감정들은 언제고 드러납니다. 그렇기 때문에 마음 안에 응어리가 만들어지면 숨기지 말고 바로 세

심한 관심을 기울여야 해요. 처음에는 응어리가 느슨하게 엉켜 있기 때문에 쉽게 풀 수가 있습니다. 하지만 처음에 그것을 바로 풀지 않으면 응어리는 점점 더 단단해집니다.

무의식적인 감정을 다루는 첫 번째 단계는 의식을 갖고 알아차리는 것입니다. 감정에 접근하기 위해서는 의식적으로 호흡하는 수행을 하세요. 마음 속의 응어리라고 하는 것은 이미지, 감정, 생각, 말 또는 행동으로 나타납니다. 우리는 불안감을 느끼면 '내가 왜 이렇게 불편해 할까? 내가 왜 이것을 계속하고 있는 걸까? 내가 왜 영화 속 인물을 싫어하고 있는 걸까?' 하면서 스스로에게 질문을 던집니다.

자신의 마음을 자세히 관찰하다 보면 내면에 생겨난 응어리가 서서히 보이기 시작합니다. 마음챙김 수행을 하면 마음 속에 밝은 빛이 비춰지면서 그 응어리의 얼굴이 드러나게 되죠. 이런 식으로 계속 관찰하면 마음 속에 있는 응어리가 약간의 저항감을 느낄지도 몰라요. 하지만 끈질기게 앉아서 관찰하는 능력을 기르면 응어리의 원인까지 알게 되고 나아가 그것을 풀어내는 방법의 실마리도 발견하게 되지요. 이런 식으로 계속 수행해 나아가면 마침내 마음의 평화를 얻게 됩니다.

 다른 사람들과 더불어 살아가는 우리에게 이러한 수행법은 굉장히 중요한 역할을 합니다. 서로의 행복을 지키기 위해서 우리는 내면에 쌓인 감정들을 바로바로 해소시키는 방법을 배워야 합니다. 어떤 여성은 결혼한 지 겨우 삼 일밖에 안 된 남편이 했던 말과 행동으로 인해 생긴 감정의 응어리를 거의 30년 동안이나 마음에 담고 살았다고 합니다. 남편에게 말대꾸하면 싸우게 될 것이 두려워 응어리를 풀지 못했답니다. 진정한 소통 없이 우리가 어떻게 행복하게 살아갈 수 있을까요? 우리가 일상생활에서 마음챙김 수행을 하지 않으면 이렇게 사랑하는 사람의 마음에 오래도록 고통의 씨앗을 심게 됩니다.

  사랑하는 두 사람이 마음 안에 응어리를 만들지 않으려는 노력을 한다면 일상생활에서 마음챙김 수행은 결코 어렵지 않습니다. 부부는 감정의 응어리를 서로 함께 들여다보면서 그 원인을 찾아낼 수 있어요. 예를 들어, 남편이 친구들에게 자신이 한 일을 너무 과장되게 말하는 것을 보았을 때 아내는 그런 남편이 전혀 존경스럽지 않다고 생각합니다. 그러면서 마음에 응어리가 생기는 것이죠. 그럴 때 바로 아내가 남편과 대화를 시도한다면 분명히 그를 이해하게 될 것이고, 맺혔던 응어리도 풀리게 됩니다.

  일상의 삶 속에서 마음챙김을 잘 수행하면 서로에 대한 감정의 응어리를 성공적으로 풀 수 있습니다. 우리 모두는 내면에 꽃과 자양분을 갖고 있어요. 마음챙김 수행은 서로의 마음 안에 있는 꽃에 물을 주는 것입니다. 결코 쓰레기를 던져주는 것이 아니지요. 그렇기 때문에 서로에 대한 비난과 논쟁을 피해야 합니다. 정원에 꽃을 가꾸는데 꽃이 잘 자라지 않는다고 해서 그 꽃을 비난하거나 욕하지는 않습니다. 꽃이 피어나게 하려면 어떻게 해야 할까를 고민하지요.

 당신의 연인은 바로 그런 꽃과 같습니다. 당신이 잘 돌봐준다면 상대방은 아름답게 피어날 겁니다. 소홀히 대하면 시들고 맙니다. 꽃이 잘 자라도록 도움을 주기 위해서는 자연을 먼저 이해해야 합니다. 이 꽃은 얼마나 많은 물이 필요한가, 얼마나 오랫동안 햇볕을 쬐어야 하는가를 알아야 합니다. 자신의 본성을 알기 위해서는 자기 안의 꽃을 깊이 들여다보아야 하고, 상대방의 본성을 알기 위해서는 상대방 안의 꽃을 들여다보아야 하지요.

잘못된 인식에서
벗어나기

우리가 대상을 고유하게 인식하는 것은 바로 그것의 본성 때문입니다. 오렌지는 그것만의 고유한 아름다움을 가지고 있지요. 그 아름다움 때문에 우리는 오렌지를 레몬과 혼동하지 않습니다. 플럼빌리지에서는 요리를 할 때 프로판 가스를 사용합니다. 우리는 프로판 가스의 본성을 잘 알고 있습니다. 그것의 본성에는 위험한 부분이 있지요. 잠을 자고 있는데 방 안으로 가스가 누출되어 있는 상태에서 누군가가 모르고 성냥을 그어대면 우리 모두 죽을지도 모릅니다. 그렇지만 우리는 프로판 가스를 이용해서 훌륭한 요리도 할 수 있어요. 이렇게 프로판가스의 본성을 잘 알고 있기 때문에 그것을 집 안에 들여놓고 평화롭게 살 수 있는 것입니다.

언젠가 베트남의 한 정신병원에 입원해 있던 환자에 관한 이야기를 들은 적이 있습니다. 그는 아주 정상적으로 보였고 다른 사람들처럼 잘 먹고 말도 잘 했다고 합니다. 그런데 한 가지 문제는 그 사람이 자기 자신을 옥수수 알갱이로 생각하고 있다는 거예요. 그래서 닭을 볼 때마다 자신이 잡혀 먹힐까봐 혼신의 힘을 다해 줄행랑을 치곤 했다는군요. 이런 경우가 바로 자신의 본성을 잘못 인식하고 있는 예입니다. 그는 자신의 본성이 인간인 것을 잊어 버리고 있었던 것이죠.

어느날 의사가 그에게 말했습니다.

"당신은 옥수수 알갱이가 아니고 인간입니다. 당신은 머리카락과 눈과 코와 팔이 있어요."

의사가 환자에게 설명을 마치고 물었습니다.

"자, 그럼 이제 당신이 누군지 말해 보세요."

환자가 대답했습니다.

"의사 선생님, 저는 인간입니다. 저는 옥수수 알갱이가 아니에요."

의사는 너무나 기뻤습니다. 그는 자신이 환자를 치료했다고 생각했죠. 그렇지만 그를 확실하게 치료하기 위해서 '나는 인간이다. 나는 옥수수 알갱이가 아니다'라는 문장을 하루에 사백 번씩 말하게 하고, 종이에 매일 삼백 번 이상씩 쓰라고 처방했습니다. 그 후 환자는 매일 방 안에서 의사가 처방해준 내용을 반복해서 말하고 썼죠.

한 달 후 의사가 환자를 다시 만나러 왔을 때 간호사가 의사에게 보고했습니다.

"그는 아주 잘 하고 있습니다. 방 안에만 머물면서 선생님께서 처방해주신 일과를 아주 성실히 이행하고 있습니다."

의사가 환자에게 다가가 물었습니다.

"좀 어떠세요?"

"아주 좋아요, 고맙습니다, 의사 선생님."

"당신이 누구인지 이제 다시 말해 주시겠어요?"

"그럼요, 의사 선생님. 저는 인간입니다. 저는 옥수수 알갱이가 아닙니다."

의사는 마음이 흡족했습니다.

"당신은 이제 며칠 후에 퇴원해도 되겠습니다. 저와 함께 사무실로 가시죠."

환자는 의사와 간호사와 함께 사무실로 걸어갔습니다. 그런데 그때 마침 옆에 닭이 나타난 거예요. 그 순간 환자는 엄청나게 빠른 속도로 줄행랑을 쳤고 의사는 그를 붙잡을 수가 없었습니다. 간호사가 그를 다시 의사에게 데려온 것은 거의 1시간이나 지난 후였습니다.

의사는 그의 모습을 보고 전혀 기쁘지가 않았습니다.

"당신은 당신이 옥수수 알갱이가 아니고 인간이라고 말했잖아요. 그런데 왜 닭을 보고 도망치셨습니까?"

환자가 대답했습니다.

"물론 나는 내가 옥수수 알갱이가 아니고 인간이라는 사실을 잘 알고 있습니다. 그런데요 닭이 과연 그 사실을 알고 있을까요?"

 우리가 수행하는 목적은 우리 자신과 우리 곁에 있는 사람들의 본성을 포함해서 모든 사물의 본성을 깊이 이해하기 위한 것입니다. 한 사람의 진정한 본성을 보게 되면 우리는 그 사람의 어려움, 고통, 불안함 그리고 소망도 함께 발견하게 되지요.
 배우자와 마주앉아 손을 잡고 두 눈을 서로 바라보면서 이렇게 말해 보세요. "여보, 내가 당신을 충분히 이해하고 있나요? 내가 당신의 희망, 기쁨, 고통, 두려움, 소망과 꿈을 이해하고 있나요? 내가 당신의 고통의 씨앗에 물을 주고 있나요 아니면 행복의 씨앗에 물을 주고 있나요? 나는 당신에게 고통이 아닌 기쁨을 주고 싶습니다. 그래서 나는 알고 싶어요. 당신을 잘 이해하고 깊이 사랑할 수 있는 방법을 알려 주세요."

우리가 진심을 담아 이렇게 물어 본다면 상대방은 눈물을 흘릴지도 몰라요. 눈물은 바로 소통의 문이 열리고 있다는 좋은 신호죠.

사랑을 담아
이야기하기

일상의 삶 속에서 마음챙김 수행을 하면서 사랑을 담아 이야기하는 것은 굉장한 효과적인 소통 방법입니다. 다른 사람이 무언가 잘 하는 것이 있을 때마다 우리는 그것을 인정하면서 칭찬해 주어야 해요. 이것은 특히 어린이와 청소년들에게 해당되는 것이죠.

우리는 자녀들의 자존감을 높여주어야 합니다. 아이들이 더욱 성장하게 하기 위해서는 그들이 하는 말과 행동에 훌륭한 점이 있으면 칭찬해 주어야 해요. 그것을 당연한 것으로 받아들여서는 안 됩니다. 그들이 타인을 사랑하며 행복하게 만드는 능력을 보인다면 그것을 인정하고 감사를 표현하세요. 이것이 바로 행복의 씨앗에 물을 주는 방법입니다. "네가 그 일을 해낼 수 있을지 의심스럽구나."라는 말은 절대 피하십시오. 대신에 "이것은 어려운 일이지만 나는 네가 잘 해낼 거라고 믿어."라고 말해 주세요. 이렇게 대화를 나누면 자

Solidity and freedom
are the foundation
of true happiness

확신과 자유가 참된 행복의 기초가 됩니다

녀는 더욱 강해질 거예요.

　삶 속에서 어려운 문제가 발생했을 때 마음을 차분하게만 할 수 있다면 우리는 사랑스럽고 온화한 대화로 문제를 충분히 풀어나갈 수 있습니다. 하지만 우리의 마음이 아직 차분하지 않은 상태라면 말을 삼가는 것이 좋죠. 잠시 마음을 가라앉히고 호흡을 편안히 하세요. 신선한 공기를 마시면서 나무와 구름, 강을 보면서 걷기명상을 해도 좋습니다. 마음이 고요해져서 자애롭게 말할 자신감이 생겼다면 이제는 대화를 시도해도 됩니다. 대화가 진행되는 동안 다시 짜증스런 감정이 일어나면 대화를 즉시 멈추고 다시 호흡에만 집중하세요. 이것이 바로 마음챙김 수행입니다.

　우리는 변화하고 성장해야 합니다. 특히 결혼식을 올리는 두 사람은 수행의 결실을 나누면서 변화하고 성장할 것을 서약해야 하죠. 부부가 되는 두 사람이 서로 이해하고 화합하면 그들을 보는 다른 사람들도 행복하고 기쁩니다. 10년이나 20년 동안 오랜 결혼생활을 함께 해온 부부들도 마음챙김 수행을 하면 좋습니다. 수행을 통해 서로를 잘 이해할 수 있기 때문입니다. 오랜 결혼생활을 해온 사람들은 배우자에 대해 이미 모든 것을 알고 있다고 생각할지 모르지만 사실은 그렇지 않습니다. 물리학자들은 하나의 전자를 수십 년 동안 연구하고 있지만 그것을 다 안다고 주장하지 못합니다. 하물며 어떻게 한 인간에 관한 모든 것을 몇 십 년 만에 다 안다고 하겠습니까.

결혼생활을 얼마동안 지속한 후 관계가 너무 어렵고 힘들어지면 사람들은 이혼을 생각합니다. 하지만, 가족의 화합을 위해 조금만 더 노력해 주세요. 배우자를 깊이 이해하고 서로 화합하길 바랍니다. 세 번 네 번 결혼과 이혼을 반복하는 사람들도 있습니다. 그들은 같은 실수를 계속해서 되풀이하고 있는 거죠. 마음의 문을 열고 대화를 시도해 보세요. 서로의 고통을 진심으로 위로하며 꿈을 나눠보세요. 그러면 부부관계가 좋아질 뿐만 아니라 그러한 노력으로 당신의 자녀와 주변 사람들도 모두 행복해질 것입니다.

마음에 꽃피우는 수행법

수행학교가 운영되는 플럼빌리지에는 매주 '마음에 꽃피우기(Beginning anew)' 수행을 합니다. 먼저 플럼빌리지의 모든 대중들이 한 곳에 모입니다. 신선한 꽃이 꽂혀 있는 꽃병을 중앙에 두고 둥그렇게 둘러앉습니다. 호흡을 관하면서 진행자가 개회사를 시작할 때까지 조용히 기다립니다.

  마음에 꽃피우기 수행은 네 단계로 진행됩니다. 상대방의 장점 찾아내기, 나의 잘못을 참회하기, 나의 상처와 고통 말하기 그리고 상대방에게 물어보고 사실을 확인하기입니다. 이 수행은 가족이나 공동체 사람들이 서로에게 마음을 다쳐 오랜 세월 동안 아프고 힘든 상태에 있을 때 다시 의사소통하게 하는 좋은 방법입니다.

  자, 그럼 이제 누군가 한 사람이 말할 준비가 되었다면 합장을 합니다. 다른 사람들도 같이 합장을 하고 그 사람에게 말할 권한을 줍니다. 그러면 발언자는 일어서서 조심스럽게 꽃이 있는 쪽으로 걸어갑니다. 꽃병을 집어 들고 다시 자리로 돌아와 그것을 본인 앞에 내려놓습니다. 발언자는 앞에 놓인 꽃의 싱그러움과 아름다움에 관한 이야기로 말을 시작합니다.

첫 번째 단계에서는 상대방 마음의 꽃에 물 주는 수행을 합니다. 마음의 꽃에 물을 주는 첫 번째 단계에서 발언자는 다른 사람들의 완벽하고 훌륭한 재능에 대해 언급하고 그것을 칭찬합니다. 이것은 결코 아첨이 아닙니다. 사람들은 모두 인정할 만한 장점을 하나씩은 갖고 있기 때문에 그것에 대해 정직하고 진실하게 말할 수 있습니다.

어느 누구도 현재 꽃이 담긴 꽃병을 갖고 있는 발언자를 방해하지 못합니다. 발언자가 말하고 싶은 것을 모두 다 말할 수 있도록 충분한 시간을 줍니다. 나머지 사람들은 주의 깊게 들어야 하죠. 발언자가 마음에 꽃피우기 수행의 나머지 세 단계에서도 나누어야 할 것이 있다면 계속 이어갑니다. 말을 다 끝낸 후에는 꽃병을 조심스럽게 다시 방 중앙에 되돌려 놓으면 됩니다.

두 번째 단계에서는 다른 사람들에게 상처를 준 말, 방해했던 말, 후회되는 말과 행동에 대해 이야기합니다. 생각 없이 경솔한 말로 타인의 마음에 상처 주는 일을 삼가야 합니다. 마음에 꽃피우기 수행시간은 우리가 지난날 범했던 부주의한 말과 행동을 다시 참회하게 합니다. 이렇게 함으로써 결과적으로 꼬여 있던 마음 속 매듭이나 응어리를 풀 수 있는 기회까지 갖게 되는 것이지요.

세 번째 단계에서는 다른 사람들이 우리의 마음을 아프게 했던 일에 대해 솔직하게 이야기하는 겁니다. 이번에도 공손하고 상냥한 말로 해야 합니다. 관계를 치유하고 강화하는 말을 하도록 하세요. 관계에 해를 끼치는 말은 절대 안 됩니다. 직설적인 말로 인해 관계가 다시 손상되기를 원하지 않으니까요.

그리고 이야기를 들을 때도 자비로운 마음으로 듣는 것이 이 수행에서는 굉장히 중요합니다. 사람들이 주의 깊게 경청한다면 발언자의 이야기는 더욱 아름답고 건설적인 방향으로 진행될 거예요. 함께하는 모든 사람들은 발언자의 고통을 완화시키기 위해 주의 깊게 듣는 것이지 판단하고 논쟁하기 위해서가 아닙니다. 그래서 우리는 모든 주의를 기울여 경청해야 합니다. 혹시라도 그가 진실이 아닌 내용을 말하더라도 계속 주의 깊게 들어야 해요. 그가 자신의 고통을 표현하고 내면의 긴장을 풀 수 있도록 해야 합니다. 만약에 우리가 그를 지적하고 말대답을 한다면 좋은 결실을 맺지 못할 거예요. 그 사람이 잘못된 견해를 갖고 있다는 사실을 말하고 싶다면 며칠 뒤에 개인적으로 조용히 말하세요. 마음에 꽃피우기 수행 시간은 그가 자신의 잘못된 견해에 대해 스스로 참회하도록 하는 것이므로 경청하는 사람들은 아무런 말도 하지 않도록 합니다.

마지막 단계는 상대방에게 실제적인 질문을 하면서 더 많은 정보를 얻는 것입니다. 종종 우리의 고통은 부정확하거나 불충분한 정보 때문에 생긴 것이죠. 다른 사람들과의 관계에서 무슨 일이 일어났는지, 자신의 행동 뒤에 어떤 일이 벌어졌는지 확인한다면 관계 회복의 길로 갈 수 있습니다.

이 수행의 마무리 단계에서는 함께 노래를 부르거나 사람들과 손을 잡고 잠깐 동안 호흡합니다. 또 가끔은 포옹명상으로 끝내기도 합니다. 우리가 정확하고 바르게 수행했다면 기초 수행단계만 끝내도 홀가분한 기분을 느끼게 될 거예요. 수행을 계속할 수 있겠다는 확신도 생기게 되죠.

한걸음 한걸음이 당신의 삶을 만들어갑니다

포옹명상

'마음에 꽃피우기' 수행은 붓다 시대 포살법회를 바탕으로 한 것입니다. 현재도 승가에서는 보름과 초하루 전날에 포살법회를 하고 있지요. 플럼빌리지에서 하고 있는 포옹명상은 1966년 아틀란타에서의 경험에서 비롯되었습니다.

어느 날 한 여류시인이 나를 공항에 데려다 주면서 "스님을 한번 안아도 괜찮을까요?"라고 묻더군요. 베트남에서는 공공장소에서 이런 식으로 자신의 감정을 표현하는 일은 없어요. 하지만 나는 선사禪師니까 별문제 없을 거라고 생각했죠. 그래서 "괜찮습니다."라고 대답했지요. 그런데 그녀가 나를 껴안았을 때 나는 순간 뻣뻣하게 굳어버렸습니다.

비행기를 타고 오면서 나는 서양 친구들과 함께 활동하려면 서양 문화에 적용되는 수행방법을 고안해 내야겠다고 생각했어요. 그래서 개발한 것이 바로 포옹명상입니다. 포옹명상은 동서양의 문화를 조합한 것이에요. 이 수행은 상대방을 두 팔로 껴안는 것입니다. 하지만 형식적으로 껴안고 두세 번 등을 두드리는 것 같은 방식은 안 됩니다.

　포옹명상이 시작되면 먼저 잠깐 동안 상대방을 바라보십시오. 이 사람이 당신에게 얼마나 소중하고 사랑스러운 존재인지를 깨닫는 것입니다. 세 번의 호흡을 하고 상대방을 바라보면서 그 사람의 진정한 존재감을 느끼십시오. 그런 다음 상대방을 안기 위해 두 팔을 벌리고 의식적으로 숨을 고르면서 몸과 마음과 가슴으로 포옹하세요. 숨을 들이쉬면서 사랑하는 사람이 내 팔 안에 살아 있다는 것을 느끼십시오. 숨을 내쉬면서 이 사람은 나에게 너무나 소중하다고 생각하십시오.

　누군가를 사랑하게 되면 당신은 그 사람이 행복하기를 바랍니다. 사랑하는 사람이 행복하지 않으면 당신이 행복해질 수 없기 때문이죠. 행복은 개인적인 문제가 아니거든요. 상대방에 대한 참된 사랑은 깊은 이해가 필요합니다. 사랑하는 사람의 어두움과 괴로움, 고통의 깊이를 들여다보아야 합니다. 상대방을 제대로 이해하지 못하면 당신은 그 사람을 진정으로 사랑할 수 없습니다. 그렇게 하지 않으면 당신은 사랑이라는 이름으로 그 사람을 고통스럽게 할지도 모릅니다.

이해가
부족한 사랑

동남아 사람들은 두리안이라는 크고 겉이 뾰족뾰족한 과일을 좋아하더군요. 그 지역 사람들은 두리안에 중독돼 있는 것 같아요. 어떤 사람들은 두리안을 먹고 나서 침대 밑에 껍질을 놓아두고 강렬한 냄새를 계속 맡기도 한답니다. 그런데 나를 비롯한 몇몇 사람들에게는 두리안의 냄새가 끔찍하게 느껴집니다.

어느 날 내가 베트남 절의 법당에서 독경을 하고 있었습니다. 누군가가 부처님 전에 두리안을 공양 올려놓은 거예요. 나는 평소처럼 목탁과 큰 그릇 모양의 종을 사용해서 법화경을 독송하려고 했는데 두리안 냄새 때문에 집중할 수가 없었습니다. 나는 종을 뒤집어 두리안을 덮었습니다. 그리고 나서야 겨우 경전을 독송할 수 있었죠. 경전 독송이 끝나고 부처님께 삼배를 올리고 난 후에 나는 두리안을 덮고 있던 종을 벗겼습니다.

혹시 여러분이 나에게 "나는 당신을 많이 사랑해요. 그래서 이 두리안을 드시면 좋겠어요."라고 말한다면 나는 매우 곤혹스러울 것입니다. 당신은 나를 사랑하기 때문에 내가 행복해지기를 바라는 마음으로 두리안을 권합니다. 당신의 의도는 좋았어요. 하지만 나에 대한 이해를 바르게 하지 못한 것입니다. 이것이 바로 상대방에 대한 이해가 부족한 사랑입니다.

행복을 만드는
기술

　행복을 만드는 것은 기술입니다. 부모님께서 가족을 행복하게 만드는 모습을 어렸을 때부터 많이 보아왔다면 당신은 행복의 기술을 잘 익혔을 거예요. 하지만 그 반대의 경우에는 다른 사람들을 어떻게 행복하게 만들지 잘 모릅니다. 그래서 '행복 수행학교'에서는 그런 분들을 위해 사람들을 행복하게 만드는 기술을 가르칩니다.

　함께 사는 것은 기술입니다. 당신은 비록 좋은 의도를 갖고 한 일이라도 결과적으로는 당신의 배우자를 매우 불행하게 만들 수도 있습니다. 기술은 삶을 부드럽게 만들어주는 중요한 도구입니다. 우리는 우리의 말과 행동에 기술적이어야 합니다. 이러한 기술의 본질이 바로 마음챙김이죠.

　당신이 처음으로 사랑에 빠져 어떤 사람에게 집착한다는 느낌이 든다면 그것은 아직 진정한 사랑이 아니라는 것을 아셔야 합니다. 진정한 사랑은 조건 없는 사랑입니다. 자애와 자비를 말하는 거죠. 부부는 두 사람만의 공동체를 구성해서 서로의 사랑을 돌보고 배우자의 장점이 꽃피도록 서로 돕는 수행을 해야 합니다. 이러한 수행을 통해 부부는 서로에 대한 사랑을 배우고, 상대방을 행복하게 만드는 기술을 배우고, 점차로 전 인류와 모든 존재들에게 사랑을 전해주는 법도 배우게 됩니다.

제 1 장

어서 와요

마음에

꽃피우기는

처음이죠?

관계를 치유하는
마음에 꽃피우기

우리는 주변의 가까운 사람들과 친하게 지내고 싶고, 행복하고 조화로운 관계가 되기를 원합니다. 하지만 가끔 그 관계가 불완전해지면서 때때로 오해가 발생하기도 하지요. 당신이 화가 났을 때 화를 내지 않으려고 한다거나 혹은 화를 억누르려고 해도 그것은 결국 폭발해 버리고 말거든요. 그렇게 되면 당신이 아끼는 주변 사람들이 괴로움의 나락으로 빠지게 됩니다.

아마도 당신은 화가 난 바로 그 순간에 상대방에게 그의 말과 행동 때문에 얼마나 화가 났고 충격을 받았는지 솔직하게 말하는 것이 해결책이라고 생각할지도 모릅니다. 그런데 화가 난 그 순간에 바로 이야기를 하는 방법은 좀 문제가 있습니다. 특히 다른 사람들이 옆에 같이 있다면 상대방에게 오히려 더 큰 상처를 줄 수 있습니다. 당황한 상대방은 당신에게 다시 반격할지도 모릅니다. 비록 큰 문제가 아닐지라도 매번 그렇게 서로에게 작은 상처를 주고받게 되면 두 사람 사이에는 풀리지 않는 응어리가 생기게 되고 그것은 점점 더 커지고 맙니다. 처음에는 눈치채지 못하겠지만 나중에는 당신들의 관계가 더 이상 고무적이지 않다는 것을 깨닫게 될 거예요. 결국에는 서로 상대방을 조용히 피하게 되죠. 각자 다른 사람들과 활기찬 시간을 보내고 싶어 합니다. 이렇게 작은 논쟁들이 쌓이다 보면 나중에는 크게 폭발하는 상황이 발생하고 결국 관계가 깨지는 경우가 생깁니다.

'마음에 꽃피우기'는 네 단계의 수행과 포옹명상을 포함하여 다섯 단계로 구성됩니다. 이 수행은 서로의 오해를 씻어 버리고 상처가 난 관계를 치유하면서 화해하는 방법을 알려줍니다. 의식적인 호흡, 사랑스러운 말, 자비로운 경청을 통해 다른 사람들과의 관계를 아주 명료하게 볼 수 있게 합니다.

마음에 꽃피우기의
단계별 수행

첫번째 단계 / 마음의 꽃에 물 주기

마음에 꽃피우기의 첫 번째 단계는 마음의 꽃에 물을 주는 것입니다. 이 단계는 우리 마음의 꽃에 물을 주는 것과 다른 사람 마음의 꽃에 물을 주는 것으로 나뉘어집니다.

🍃 우리들 마음의 꽃에 물 주기

꽃에 물을 주는 것은 낮은 자존감을 치유하는 최고의 치료법입니다. 자기 자신에게나 다른 사람들에게 나는 아무런 가치가 없는 존재라고 말하지 마세요. 자신을 미워하지 마세요. 어린 시절에 들었던 잔인한 비난의 말이 당신의 무의식 속에 깊이 잠들어 있다가 다시 튀어나와서 당신을 계속 비난하게도 하지 마세요. 어렸을 적에 큰 언니나 오빠가 "알리샤, 너는 항상 일을 더 엉망으로 만들어 놓는구나!"라며 당신을 야단쳤을지도 모릅니다. 또는 어느 날 수학점수가 엉망인 성적표를 가지고 집에 돌아왔을 때 당신의 어머니가 "멍청한 놈, 어떻게 너는 네 사촌의 반도 못 따라 가니!"라며 화를 내셨을지도 모르구요. 이후로 그 말이 계속 당신의 머릿속에서 울려 퍼지게 되었고 그래서 당신은 항상 "나는 멍청한 놈이다. 나는 사촌의 반도 못 따라 간다!"라고 계속 자신에게 말했을지도 몰라요.

그러던 어느 날 누군가 당신에게 화를 내며 똑같은 말을 했다고 합시다. 그 말을 한 사람은 그러고는 바로 잊어 버렸어요. 그런데 전에 그 말로 상처 입은 당신은 그때 비난의 말들이 계속 마음속에 떠올라 잊혀지지 않습니다. 이것은 서서히 습관처럼 당신을 지배하고, 결국 당신은 자존감이 낮아지면서 마음에 병까지 생깁니다. 그렇기 때문에 우리는 우리 자신뿐만 아니라 다른 사람들과의 관계에서 마음의 꽃을 피우면서 이와 같은 콤플렉스를 치유해야만 하는 거죠.

당신이 나쁜 사람이라고 하거나 못생겼다고 하거나 충분하지 않다고 말하는 사람들의 판단에 흔들리지 마세요. 당신은 당신 모습 그대로 아름답습니다. 마음챙김 수행을 하면서 행복하고 진실하고 관대하고 포용적인 사람이 되도록 노력해 보세요. 부모와 형제들에게 항상 판단을 당하고 비난을 받아온 사람들은 대체로 자존감이 낮습니다. 하지만 그런 말에 흔들리지 않아야 합니다. 긴장을 풀고 거울을 들여다보면서 스스로에게 상큼한 미소를 지어 보세요. 생기발랄하게 미소 짓는 당신이 되도록 노력해 보세요. 긴장감을 풀고 짜증을 내려놓으세요. 모든 사람과 사물을 사랑의 마음으로 받아들이세요. 가벼운 옷을 입고 얼굴에 긴장을 풀고 햇빛, 나무, 비 그리고 인도의 보도블록 틈새를 비집고 피어난 작은 꽃들을 보면서 자연스럽게 미소 지으세요. 이러한 일을 하는데 값비싼 옷을 입을 필요는 없어요. 편안한 마음으로 편안한 자신의 모습을 떠올려 보십시오.

🌿 다른 사람 마음의 꽃에 물 주기

다른 사람의 마음 꽃에 물 주기 단계는 감사의 표현으로 관계를 새롭게 하는 것입니다. 크든 작든 간에 다른 사람이 갖고 있는 훌륭한 자질이나 재능 또는 과거에 했던 좋은 행동을 찾아보고 그것을 인정해 주세요. 이것이 바로 대화를 나누는 상대방의 내면에 있는 마음 꽃에 물주기입니다. 일상생활에서 주변 사람들의 작은 친절과 아름다움에 더욱 세심한 주의를 기울이는 습관을 기르고 다른 사람들을 칭찬하다보면 당신 자신도 행복해질 거예요.

이 수행은 같은 지붕 아래 살고 있거나 같은 사무실에서 일하는 사람들과의 관계를 새롭게 만들어 줍니다. 당신 주변의 사람들은 저마다 많은 재능과 아름다움을 갖고 있을 거예요. 당신이 그들의 진가를 미처 알지 못했을 뿐이죠. 대개 사람은 같이 생활하는 사람들의 가치를 매년, 매월 또는 매일 서서히 잊어버립니다. 상대방이 뭔가를 제대로 하지 않았을 때에만 불만사항을 말하죠. 당신은 아마도 그러한 일을 당연한 것으로 여기고 주변 사람들의 재능을 칭찬하는 일에 소홀해 왔을 거예요. 우리는 무언가 일이 잘못되면 불평부터 하고 상대방을 교정하려고만 합니다. 하지만 이제부터는 일주일에 한 번씩이라도 다른 사람들의 재능을 칭찬하고 인정하는 수행을 해보세요. 칭찬할 때는 그 사람이 당신과 둘이 있든 또는 다른 가족이나 동료들이 함께 있든 상관없이 해야 하는 것이죠.

두 번째 단계 / 참회하기

두 번째는 잘못을 참회하기입니다. 당신은 작은 것이든 큰 것이든 간에 누군가에게 미숙하게 말했거나 행동한 사실에 대해 미안함을 표현해야 합니다. 어떤 이유로든 다른 사람에게 상처를 주었거나 화나게 했다면 당신의 진정한 사과와 배려를 그에게 보여 주세요. 미숙했거나 신중하지 못한 일은 무엇이든 용서를 구하고 참회해야 합니다.

세 번째 단계 / 점검하기

세 번째는 점검하기입니다. 아주 작은 일이라도 당신이 상처를 주었거나 당혹스럽게 한 적이 있는지 상대방에게 물어보십시오. 당신의 행동이 그저 작은 상처를 주었을 뿐이라고 생각될지라도 주저하지 말고 상대방에게 겸손하게 물어보세요.

인생을 살아가면서 작은 것이라도 결코 불행을 쌓아놓고 싶지는 않을 거예요. 당신이 저지른 미숙한 행동으로 인한 작은 사건으로 어떤 사람이 당신에게 화를 낼지도 모릅니다. 그 사건은 당신이 생각하는 것의 십 분의 일, 이십 분의 일 또는 삼십 분의 일 정도로 아주 작은 상처 때문이었을지도 모르기에 가끔씩 이렇게 말하면 어떨까요.

"마음을 열고 솔직히 말해 주세요. 당신을 잘 이해하고, 더 많이 사랑하고 싶습니다. 당신의 꿈이 이루어지도록 내가 돕고 싶어요. 그렇다고 해서 내가 원하는 것을 당신에게 강요하지는 않을 거예요. 혹시 내가 당신을 조금이라도 불쾌하게 했다면 나에게 말해주세요. 진실하게 듣고 당신의 마음을 잘 이해할게요. 내가 미숙한 말이나 행동으로 당신에게 드린 작은 상처를 지금까지 마음 안에 간직하고 있다면 당신에게 좋지 않은 영향을 미칠 것예요. 언젠가는 그것으로 인해 당신이 좌절감을 느낄지도 모르거든요. 나는 당신이 그렇게 되기를 원하지 않습니다. 그래서 당신이 말하고 싶은 무엇이든 아주 작은 상처들까지도 말해 주길 바래요."

또, 전혀 문제가 없어 보일지라도 사랑하는 사람들에게 내가 뭔가 놓치고 있는 것이 없는지 때때로 확인해 보아야 합니다. "당신, 내가 혹시 알아차리지 못한 일들이 있을 수 있기 때문에 알고 싶어요. 내가 혹시 최근에 미숙한 행동으로 당신을 힘들게 한 적이 있나요? 당신을 당황하게 한 적이 있나요? 내가 당신을 충분히 이해하고 있다고 생각하시나요? 당신이 가장 소망하는 일을 내가 잘 알고 있다고 생각하시나요?"라고 물어 보시는 겁니다.

네 번째 단계 / 상처나 분노 표현하기
네 번째는 상처나 분노 표현하기입니다. 당신이 화가 났다면 상대방에게 당신의 상처나 분노를 솔직히 말해주세요. 그런데 여기서 주의할 점은 사건이 일어난 바로 직후에는 말하지 않는다는 것입니다. 기분이 나빠 얼굴이 벌겋게 달아올랐을 때는 아무 말도 하지 마세요. 당신의 마음이 진정 될 때까지 기다렸다가 차분하게 이야기해야 합니다.

  이 때에도 당신에게 상처를 준 사람이 왜 그렇게 말하고 행동했는지 이해할 수 없다고만 말하면 됩니다. 충격 받은 감정이 여전히 남아 있는 상태라면 아직은 이 단계를 시도해서는 안 됩니다. 대신 당신의 호흡에만 주의집중하면서 평온한 마음 상태를 회복하기 위해서 몇 시간이든 며칠이든 필요한 시간을 먼저 가지세요. 이러한 시간을 갖는 것은 어떤 것도 억누르지 않으려고 하는 노력인 동시에 홧김에 소중한 무언가를 망가뜨리지 않으려는 노력입니다. 당신이 지금 화가 났다면 시간을 두고 기다렸다가 당신의 기분이 회복되고 평화로운 마음상태가 되었을 때에 비로소 상대방에게 당신의 감정을 솔직하게 말하겠다고 스스로에게 약속하세요.

  잠깐 동안 몸과 마음을 진정시키기 위해 마음챙김 호흡을 하면서 산책을 합니다. 그런 후에 당신에게 일어난 일에 대해 다시 한 번 생각해 보는 겁니다. 가끔 우리는 자신의 본성이 옥수수 알갱이라고 생각하는 남자와 같은 상태일 때가 있습니다. 아마도 그 사람처럼 당신도 당신의 생각에 너무 집착할 때가 있을 거예요. 깊이 들여다보면 당신은 자신이나 배우자 또는 자녀들에 대해 경직된 생각과 잘못된 견해를 갖고 있는 것을 발견하게 됩니다.

  부처님 가르침에 의하면 인간은 현실의 한 부분만을 집착하고 있는 경우가 많습니다. 우리 자신과 다른 사람들 또는 관계의 본질에 관한 작은 일부분만을 보고 있는 경우가 많은 거지요. 그렇기 때문에 우리는 자신의 생각에 겸손해야 하고 다양한 측면에 대해 더 많이 듣고 배우도록 마음을 열어 놓아야 합니다.

   이제는 마음이 평온해졌고, 당신이 할 수 있는 최고의 상태에서 상황을 깊이 숙고한 뒤에도 여전히 이해할 수 없는 부분이 있다면 그때 비로소 상대방에게 물어 봅니다. 비난이나 상처 주는 말을 사용하지 말고, 상대방이 왜 당신에게 상처 주는 행동을 했는지 그 이유에 대해서만 물어 보세요. 그 이유를 정말 모르겠다고만 말하세요. 상대방에게 당신이 그 이유를 듣고 싶어 한다는 마음만 겸손하게 표현하시기 바랍니다. 상대방이 왜 그런 식으로 말하거나 행동했는지 그 이유만 물어 보는 겁니다.

다섯 번째 단계 / 포옹명상

포옹명상은 '마음에 꽃피우기' 수행을 마무리하는 훌륭한 방법입니다. 포옹명상은 단지 신체적인 포옹만을 의미하는 것이 아니고 두 사람 모두의 마음이 편안해지고 서로의 존재를 충분히 이해했을 때 이루어집니다.

주의 깊게 듣기

주의 깊게 듣는 수행은 인간관계를 잘 키우는 일종의 음식과 같습니다. 성실히 수행하셔야 합니다. 타인과의 관계는 영양분을 공급받지 못하면 죽고 맙니다. 주의 깊게 듣기를 통해 당신이 받아들이기 어려운 부분이라도 받아들이도록 노력하세요. 상대방을 사랑하고, 상대방이 사랑하는 것을 사랑하는 법을 배우기 위해 당신은 주의 깊게 듣는 수행을 해야 합니다. 형식적으로든 비형식적으로든 우리는 관계를 새롭게 하는 수행을 해야 합니다. 이러한 수행을 통해 우리 자신과 주변 사람들의 본성을 이해하게 됩니다. 이것이 바로 일상생활에서 관계를 새롭게 하기 위한 마음챙김의 기술입니다. 중간에 어려운 일이 발생하더라도 가능하면 매일 자녀들과 함께 수행하시고, 매주 한번은 배우자나 가족들과 함께 수행하도록 노력하십시오.

잠깐 동안 몸과 마음을 진정시키기
위해 마음챙김 호흡을 하면서
산책을 합니다.

찬콩스님의
하루 수행일지

첫 번째 일: 아침 명상하기

※ 날마다 관계를 새롭게 하기 위해서는 자신을 먼저 새롭게 하는 것에서 시작해야 합니다. 나는 자신을 새롭게 시작하기 위해서 아침에 10분에서 30분 정도 마음챙김 명상으로 하루를 시작합니다. 그리고 일어나면 바로 게송이나 수행시 한 편을 암송합니다.

> 오늘 아침에 깨어나서
> 나는 미소 짓습니다.
> 나에게 주어진 삶에 감사합니다.
> 24시간의 오늘 하루를 새롭게 살아가겠습니다.

※ 나 자신에게 미소를 짓습니다. 그리고 얼굴 위에 손을 올려놓고 이마와 뺨, 턱의 긴장을 풀어 줍니다. 머리와 목과 몸

전체를 마사지합니다.

☀ 10분 동안 조용히 앉아 아무런 생각도 하지 않고 아무런 계획도 세우지 않습니다. 그냥 숨을 들이쉬고 내쉬면서 머리, 얼굴, 목, 어깨, 몸 전체의 긴장을 풉니다. 숨이 들어왔다 나갔다 하는 동안 모든 짜증과 걱정과 계획을 내려놓습니다. 하루가 시작되면서 고요하고 맑은 마음으로 회복됩니다.

☀ 다음 10분 동안 그 날 해야 할 일정을 계획합니다. 오늘의 하루 계획 중 중요한 부분을 더 깊이 생각합니다. 예를 들어 내가 아침에 해야 할 첫 번째 일은 화장실에 가는 아주 쉽고 간단한 일입니다. 두 번째는 아침 식사를 준비해서 공양하는 일입니다. 세 번째는 접시와 냄비를 설거지하는 일입니다. 네 번째는 친구 몇 명을 기차역에 데려다 주는 일입니다. 다섯 번째는 조금 까다로운 일인데 플럼빌리지에서 도지사와 약속된 중요한 회의입니다. 회의에서 어떻게 하면 성공적

인 결과를 얻을까에 대해 깊이 생각합니다. 아침 11시에 약속된 회의에 가져 갈 특정 문서와 책, 사진을 준비합니다. 오후에 있을 여섯 번째에서 열 번째까지 해야 할 일에 대해서는 준비할 작업만 간단히 살펴봅니다.

두 번째 일: 양치질하기

잠자리에서 일어난 이후에는 그 날 해야 할 일과를 가지고 하루를 잘 살아가려고 노력합니다. 과거나 미래의 일은 생각하지 않고 오직 현재 이 순간에 충실하려고 노력합니다. 예를 들어 양치질을 하는 동안 나는 아무 것도 생각하지 않고 단지 양치질, 치약 그리고 시원한 물에 대한 생각만 하며 즐겁게 집중하는 거죠.

세 번째 일 : 아침 공양하기

⁕ 아침을 준비할 때 빵, 오트밀, 잼과 과일만을 생각하면서 순간순간에 집중합니다. 나는 아침식사를 하면서 그 순간에 깊이 집중하고 나와 함께 식탁에서 즐겁게 식사하는 사람들을 생각합니다. 오전 11시에 계획된 회의가 어려운 일일지라도 나는 다음 일을 미리 걱정하지 않아요. 식탁에 함께 앉아 아침식사를 하는 사랑하는 사람들과의 즐거운 시간을 놓치지 않습니다.

⁕ 즐겁게 아침식사를 하는 일이 끝나면 내가 사용한 접시와 냄비를 설거지하는 세 번째 일을 시작합니다. 평온한 마음과 세심한 정성으로 접시를 들고 씻는 매 순간을 즐깁니다.

네 번째 일 : 친구들 전송하기

⁕ 나는 친구들을 기차역으로 데려다 줍니다. 그때도 매 순

간 지금 하고 있는 일에 완전히 집중합니다. 차가 밖에 있고, 차에 충분한 가솔린이 있고, 역으로 가려고 하는 세 명의 친구들이 있다는 것을 나는 알아차립니다. 나는 좌석벨트를 매고 차 시동을 걸고 주의 깊게 운전하며 행복하게 현재에 집중하죠. 나는 마음이 산만해지는 것을 막기 위해 '멈춤(止, 사마타samata)' 선정수행을 합니다. 그렇게 매 순간에 집중하기 때문에 도지사를 만나 플럼빌리지에 관한 회의를 해야 하는 다섯 번째 일로 생각을 빼앗기지 않습니다.

☀ 나는 오전 내내 마음챙김 사마타 수행을 하면서 지냈고, 현재 이 순간 내가 하고 있는 일이 즐겁습니다. 나는 나 자신과 친구들, 나의 일을 위해 생기발랄한 모습을 간직하고 항상 현재 이 순간을 살아가기 위해 노력하죠. 이른 아침부터 첫 번째에서 네 번째까지의 일과를 수행하면서 11시로 예정되어 있는 중요한 다섯 번째 업무까지 오는 동안에 프랑스

당국 관료들에게 플럼빌리지의 다양한 활동의 유익함을 어떻게 잘 설명해줄 수 있을까 하는 생각으로 마음이 혼란스럽지 않았습니다.

다섯 번째 일 : 프랑스 당국 관료들 만나기

✽ 마음을 고요하게 하면서 현재 이 순간에 집중합니다. 나의 마음은 마치 잔잔한 호수와 같아요. 마음을 새롭고 평화롭게 하는 시간을 충분히 가졌기 때문입니다. 그래서 아침 11시가 되어 마침내 플럼빌리지에 관해 더 많이 알고 싶어 하는 관료들의 사무실을 노크하면서 나는 생기 있고 평화로운 모습을 갖춥니다. 나는 활기있는 자세와 고요한 마음으로 대화를 나누고 있는 사람들에게 집중하죠. 지금 이 순간 사람들의 얼굴을 자세히 들여다보면서 그들의 표정을 좀 더 명확하게 봅니다. 나는 마음을 맑게 해서 그들이 궁금해 하는 질문에

성실히 대답해주려고 최선을 다합니다. 그러한 노력으로 그들에게 가장 적절한 설명을 할 수 있게 되었고, 우리의 상황을 명확히 이해시킬 수 있었습니다.

나 자신과
수행 약속하기

여러분들이 나처럼 매일매일 마음챙김 수행을 하며 자신을 생기 있게 만들지는 못한다고 하더라도 적어도 일 주일에 하루 정도는 마음챙김 수행하는 날로 정해 보시기 바랍니다. 하루의 모든 활동을 매 순간순간에 집중하면서 생활하는 거죠. 산만하지 않고 긍정적인 관점으로 상황을 보려고 노력하는 거예요. 이렇게 수행하는 날은 일주일의 단 하루, 오직 당신을 위한 고요한 날입니다.

하루를 다른 일들로 가득 채우기는 너무 쉽습니다. 그러나 수행하기로 정한 바로 이 날은 당신이 다른 사람과의 중요한 약속을 잘 지키듯이 자신과의 약속도 잘 지켜야 합니다. 이런 날이 당신에게 얼마나 유익한지 알게 된다면 당신은 지속적으로 수행하게 될 거예요. 사실 당신이 하는 모든 일에서 마음챙김을 하는 것은 별로 부담이 안 가는 수행이에요. 당신이 하루의 일과를 바꿀 필요도 없죠. 어떠한 시간도

전혀 잃어버리지 않을 거예요. 다만 한 번에 한 가지씩만 해보는 거죠. 뒤에 일어날 일에 대해서는 미리 걱정하지 마시고요.

당신은 자신이 가끔 뭔가를 잊어버리고 건망증으로 잠시 넋을 잃는다는 사실을 어느 날 문득 알아차리게 될지도 모릅니다. 그렇다고 해도 너무 상심하지 마세요. 왜냐면 건망증이 있다는 사실을 알아차리게 됐다면 당신에게는 수행할 좋은 기회가 온 거니까요. 30분이나 1시간 정도 현재에 오롯이 머무는 마음챙김 수행을 시작해 보세요. 당신이 건망증으로 일에 집중하지 못한다는 것을 알아차리게 될 때마다 하던 일을 멈추고 기분전환을 위해 밖으로 나가 5분에서 10분 정도 산책을 해보세요. 산책은 당신을 새롭게 할 것입니다. 햇빛과 나무와 식물들과 함께하는 삶의 순간을 깊이 느껴보세요. 그러한 경험을 통해 당신은 평온함과 상쾌함을 느끼게 될 거예요. 그것은 다른 사람들과의 관계를 새롭게 시작할 수 있는 기본 조건이 됩니다.

제 2 장

당신과 나는 왜 이렇게 다르죠?

무의식 안의 씨앗

불교 심리학에 의하면 마음은 두 가지 중요한 부분으로 나뉘집니다. 하나는 '심의식'이라고 부르는 것으로 우리가 서로의 말을 듣고 이해할 수 있는 부분의 마음입니다. 다른 하나는 '저장의식' 즉 아뢰야식(alaya vijnana)인데, 이것은 우리의 다섯 감각 기관(五根)과 여섯 번째 기관인 의근意根과 심의식을 통해 들어오는 모든 경험이 저장되는 무의식의 마음입니다. 이것은 잠자고 있는 씨앗(Skr.bija) 모양을 하고 있습니다.

  의식의 저장소에는 온갖 종류의 씨앗이 담겨 있습니다.

  첫 번째 씨앗은 우리가 부모와 조상으로부터 물려받은 씨앗입니다. 예를 들어 라이언의 부모는 큰 사업을 성공적으로 경영하고 있습니다. 그런데 아들인 라이언은 항상 음악 분야의 직업에만 매료되었고 부모는 그 이유를 알지 못했죠. 부모의 강력한 반대에도 불구하고 라이언은 바이올리니스트가 되기를 원했습니다. 그런데 나중에 알고 보니 라이언의 삼촌이 매우 재능 있는 굉장한 음악가였다는 겁니다. 라이언이 갖고 태어난 훌륭한 음악적 재능의 씨앗은 바로 삼촌에게서 물려받은 것이죠.

이제는 여러분 자신을 되돌아봅시다. 여러분은 스스로에 대해서 '나는 내가 뭘 좋아하는지 잘 안다'고 생각할 거예요. 그런데 사실은 자신이 누구인지 뭘 좋아하는지 20~30 퍼센트 정도밖에는 모른답니다. 당신의 저장의식 안에는 조상들이 물려준 많은 경험과 씨앗이 아직까지 발현되지 못한 채 기회를 엿보고 있습니다.

두 번째 씨앗은 지금까지의 삶에서 경험으로 심어진 씨앗입니다. 우리는 그것들을 '새로 심은 씨앗'이라고 부릅니다. 이 씨앗은 우리가 어머니의 자궁에 있을 때부터 심기 시작한 것인데 태중에 있을 때부터 어머니가 경험했던 모든 감정을 이어 받습니다. 태어날 때부터 얻은 모든 삶의 경험은 우리의 저장의식에 들어가 씨앗의 형태로 응결된다고 보면 됩니다. 외부 조건에 따라 특정한 씨앗에 물이 주어지면 그 씨앗은 싹을 틔우고 정신을 형성하는 심의식으로 발현되는 것이죠. 불교 심리학에서는 기쁨, 분노, 슬픔, 갈망, 거만함, 의심, 사랑, 두려움, 시기심, 동정심, 자비심, 평온함, 혼란, 혐오, 증오, 마음챙김 등 적어도 51개의 의식이 있다고 합니다.

다양한
인식의 씨앗

인식은 우리 마음의 51개 의식 중 하나일 뿐이지만 우리를 행복하게도 슬프게도 혼란스럽게도 또는 깨달음을 얻게도 하면서 우리를 꿈틀거리게 합니다. 붓다께서는 우리가 무언가를 감각적으로 경험하게 되면 그 경험은 결코 잊히지 않는다고 하셨어요. 그것들은 모두 저장의식 안에 하나도 빠짐없이 기록되기 때문이죠.

예를 들어 플럼빌리지를 방문한 아나벨이라는 방문객이 나를 만난 후 나의 목소리와 겉모습, 나의 눈과 피부색에서 몇 가지 감각적인 인상을 받았다고 해봅시다. 아나벨의 마음속에는 나에 대한 인식이 이미 형성되었겠지요. 만약에 아시아 불교국가의 다른 비구니스님과 만난 경험을 가지고 있는 브리짓이라는 방문객이 나를 만났을 때를 봅시다. 그녀의 저장의식에는 이미 비구니스님은 이러이러하다라는 강한 인상을 갖고 있을 거예요. 그래서 브리짓은 아나벨의 인식과는 상당히 다르게 나에 대한 인식을 그녀의 마음 안에 그려놓았을 거예요.

  지금 법당에 앉아서 나의 법문을 듣는 7백 명의 사람들은 나에 대해 7백 가지 다른 인식을 갖고 말할 거예요. 9.11 테러가 발생했을 때 3억 인구의 미국인들은 그들의 저장의식에 저장되어 있는 테러리즘과 이슬람세계에 대한 인식의 씨앗을 바탕으로 그들이 경험한 것에 대해 3억 가지의 다른 인식을 갖게 되었을 것입니다.

당신의 마음은 호수의 수면과
같습니다. 호수가 고요할
때는 사물을 좀더 평화롭고
사랑스러운 눈으로 바라보게
됩니다.

인식의
작용

당신이 누군가와 사랑에 빠졌다면 당신은 지금 상대방에 대한 당신의 인식과 사랑에 빠져 있는 것입니다. 당신은 아직 그 남자나 여자의 현실적인 모습이나 본성은 모르고 있죠. 사람들은 그들이 삶에서 경험한 내용을 성인이 될 때까지 저장의식 안에 응축된 씨앗 형태로 저장하고 있어요. 만약 당신이 지금 누군가를 만난다면 당신은 어린 시절에 만났던 좋은 사람들의 특성을 무의식적으로 떠올리게 됩니다.

  이제 어린아이에서 어른으로 성장한 당신은 그 저장의식에 있는 좋은 이미지를 가진 사람과 사랑에 빠지고 맙니다. 그런 남자나 여자를 보는 순간 사람들은 그에게 빠져드는 감정을 저항할 수 없게 되는 거죠. 사람들은 저장의식 안에 숨어 있던 오래된 이미지를 다시 상기시킨 사람에게 바로 감정이입을 하게 되거든요. 첫눈에 누군가를 사랑하거나 미워하게 되는 것은 대부분 당신이 무의식 안에 갖고 있던 달

콤한 기억이거나 고통스런 기억 때문입니다. 그런데 안타깝게도 현실의 그 사람은 완전히 다른 사람일지도 몰라요.

당신에게는 어린 시절에 당신을 몹시 괴롭히거나 당신을 많이 비난한 사람이 기억에 남아 있을 거예요. 그래서 그 사람과 육체적으로 닮은 사람, 비슷하게 걷거나 말하는 사람, 같은 피부 색깔을 갖고 있는 사람을 보게 되면 즉시 무의식적으로 그 사람에게 혐오감을 느끼게 되죠.

반대의 경우도 있을 수 있어요. 어린 시절에 당신이 사랑한 사람이거나 당신을 사랑했던 사람을 생각나게 하는 누군가를 만나게 되면 당신은 그 사람에게 특별한 감정으로 끌리게 됩니다. 그래서 그 사람과 사랑에 빠지게 되고 마침내 그와 함께 살기로 결정했다면 당신은 무의식 안에 있는 옛날 사람에 대한 좋은 인식과 사랑에 빠진 것입니다. 아직은 현실 속의 그 사람을 제대로 알지 못하는 경우가 있어요. 그래서 마음에 꽃피우기 수행은 사랑하는 사람의 본성을 진실하게 알아가도록 도와 드립니다. 당신이 첫 번째로 인식한 사람이 아닌, 진짜 그 사람이 누구인지를 알도록 도와 드리는 거죠.

우리의 인식은 착각을 일으킨다고 붓다께서 말씀하셨습니다. 우리는 어떤 사건이나 사람의 한 부분만을 인식하죠. 그럼에도 불구하고 우리는 새롭게 만난 사람이 우리가 인식한 첫 번째 사람과 완전히 일치한다고 확신해 버립니다. 다른 부분은 모두 마음 안에서 만들어낸 것이고, 우리는 단지 우리가 인식한 일부분과 사랑에 빠진 것인데 말이죠. 당신이 상상했던 것과는 다른 점을 그 사람에게서 발견하게 됐을 때 당신은 아마 속았다고 생각할지도 몰라요. 심지어 그 사람이 당신을 속였다고 생각하겠죠. 대부분의 갈등은 이렇게 상호간에 잘못된 인식과 불완전한 관점에서 비롯됩니다. 당신이 어떤 사람을 처음 보게 되면 저장의식 안에 씨앗으로 만들어질 형성물이나 인식을 갖게 됩니다. 그러한 정신적 형성물은 항상 불완전한 관점입니다. 온전한 현실이 아닌 거죠.

당신이 아직 깨달음에 이르지 못한 사람이라면 당신의 저장의식의 씨앗에 따라 사람, 나무, 산, 강, 또는 사건을 인지하게 된다고 붓다께서 말씀하셨어요. 마치 코끼리를 처음으로 만져보는 맹인과 같은 거죠. 첫 번째 사람은 코끼리의 다리를 만져보고 코끼리는 마치 네 개의 기둥과 같다고 확신합니다. 그런데 귀를 만져본 다른 사람은 코끼리가 평평하고 부드러운 카펫 같다고 합니다. 두 사람은 코끼리의 생김새에 대한 서로 다른 의견으로 논쟁하기 시작하죠. 그렇기 때문에 우리는 자신의 견해에 겸손해져야 합니다. 무언가에 대한 견해는 단지 하나의 인식이거든요. 모든 인식은 불완전한 것이죠. 그와 같은 인식이 사물, 상황 또는 사건에 대한 온전한 현실이 될 수는 없습니다.

갈색머리와 까만 눈동자의
남자만 사랑하는 여자

카린은 하인리히와 사랑에 빠졌습니다. 사실 그녀는 마음으로 그린 하인리히에 대한 그림과 사랑에 빠진 것이었어요. 그 그림은 그녀가 만들어낸 정신적인 형성물이었던 거지요. 그녀는 하인리히의 현실을 어느 한 부분 정도는 잘 알고 있기 때문에 그녀의 인식은 부분적으로는 정확해요. 그렇지만 하인리히에 대한 카린의 많은 인식은 어린 시절의 경험을 바탕으로 한 것이었습니다.

　카린의 어린 시절 그녀의 가정이 한동안 불화 속에 있었을 때 이모의 어린 아들이 그녀와 상냥하게 놀아 주었습니다. 그 사촌 소년은 갈색 머리카락과 유쾌한 검은 눈을 갖고 있었죠. 훗날 카린은 잘 자라 이쁜 아가씨가 되어 머리카락과 눈이 그 사촌과 똑같은 사람을 만나게 되었습니다. 그녀는 자신이 아기였을 때 친절하게 놀아주었던 사촌에 대해서 이미 오래전에 완전히 잊어 버렸음에도 불구하고 그와 비슷한 사람을 볼 때면 마음이 따뜻해졌습니다. 사촌과 비슷한 남자를 만났을 때 그녀는 '이 사람은 내가 평생 기다려 왔던 남자야!'라고 생각하게 된 거죠. 그러나 카린은 현실 속의 그를 10-20% 정도밖에는 인지하지 못한 상태였죠.

   그들은 결혼한 후에야 비로소 서로에 대한 사실을 더 많이 알게 됩니다. 그녀는 기대했던 것과는 상당히 다른 성격의 그를 보게 되면서 충격에 빠질지도 모릅니다. 카린은 심지어 하인리히가 자신을 잘못된 곳으로 이끌었다고 생각할지도 모르죠. '마음에 꽃피우기'는 사랑하는 사람을 있는 그대로 바라보고 받아들일 수 있는 방법을 배우게 합니다. 당신이 사랑하는 남자를 당신이 좋아하는 모습으로 변화시키려고 해서는 안 됩니다. 그 남자는 자신의 모습 그대로여야 할 여러 가지 이유가 있어요. 당신이 그에 관한 큰 그림을 그릴 수 있다면 그것은 아마도 무척 아름다운 그림이 될 것입니다.

음식을 남기면
크게 화내는 남자

베트남계 프랑스인 투안과 그의 프랑스 여자 친구 나탈리는 깊은 사랑에 빠져 있는 것처럼 보였습니다. 나탈리 없는 투안이나 투안 없는 나탈리를 본 적이 없거든요. 그들은 바이올린을 함께 연주했고 의대에 함께 다녔습니다. 그러던 어느 날 나탈리가 혼자 플럼빌리지에 온 거예요. 그녀는 매우 슬퍼 보였어요. 나탈리는 투안에게 많은 상처를 받았다고 하면서 그와 헤어져야겠다고 말했어요.

지난 토요일에 그들은 아침 조깅을 하기 위해 해변으로 갔고 아침을 먹기 전에 함께 수영을 했다고 합니다. 투안은 마요네즈, 콩단백 소시지, 오이, 코리 숑 피클, 피망 조각 등으로 만든 사이공 스타일의 훌륭한 샌드위치 두 개를 준비했고 그들은 해변에 있는 벤치에 앉아 샌드위치를 먹었습니다.

나탈리가 샌드위치의 마지막 한 입을 먹었을 때 빵 속에 마요네즈, 오이 또는 콩단백이 없는 부분이 3센티미터가 남아서 그녀는 그것을 쓰레기통에 그냥 던져 버렸다고 합니다. 투안은 쓰레기통으로 날라 가고 있는 빵조각을 잡으려고 했으나 놓쳤습니다. 그리고는 바로 나탈리에게 불쾌하고 감정적인 눈빛을 쏘아 붙였죠. 그녀는 그런 그의 모습에 큰 충격을 받았다고 했습니다. "저는 너무 상처를 받았어요."

그녀는 말을 이어갔습니다.

"지난 토요일에 본 투안의 모습으로 그 동안 그 사람한테 받은 다른 작은 충격들이 줄줄이 떠올랐어요. 우리가 만난 지 일 주년 된 기념일을 맞아 저녁 식사를 하기 위해 베트남 식당으로 저를 초대했어요. 저는 포 수프 한 그릇, 춘권 세 개, 해초 샐러드 한개, 베트콩 크레페 세 개를 주문했어요. 투안도 자신을 위해 세 접시의 요리를 주문했어요. 그가 본인이 주문한 세 접시의 요리를 다 먹는 동안 저는 포 스프 반 그릇과 춘권 한 개를 먹은 뒤였고 제가 좋아하는 베트콩 크레페는 먹지도 못한 상태였어요. 그런데 투안이 제가 주문한 포 스프와 두개의 춘권, 베트콩 그레페와 해초 샐러드를 같이 먹기 시작하는 거예요. 우리가 식당을 떠났을 때 테이블 위의 그릇은 깨끗하게 비워져 있었어요!"

"다른 날에도 우리는 이탈리안 레스토랑에서 식사를 했어요. 우리는 각자 좋아하는 음식을 주문했지요. 그런데 투안이 자신이 주문한 모든 음식을 다 먹고 난 후에 충분히 배가 불렀을 텐데도 제가 주문해서 먹고 있는 음식의 나머지를 먹기 시작했어요. 저는 당황스러웠지만 참았어요. 그런데 이번 토요일에 그는 마요네즈도 없고 아무 것도 안 들어 있는 작은 빵 조각 때문에 제가 그 사람한테 뭔가를 훔치기라도 한 것 같은 눈빛으로 저를 쳐다보았어요. 그 사람에게는 나보다 돈이 더 중요한가 봐요. 그는 아주 인색한 남자예요."

나는 나탈리에게 조언을 했습니다. "그것은 잘못된 인식일 수 있어요. 다음 주 토요일에 두 분이 함께 이곳에 와서 '마음에 꽃피우기' 수행을 하면서 관계를 새롭게 만들어 보세요. 저한테 투안의 전화번호를 알려 주면 제가 초대를 하겠습니다. 제가 두 분에게 관계를 새롭게 하는 방법을 가르쳐줄게요."

  그들은 토요일에 플럼빌리지로 나를 만나러 왔습니다. 나는 먼저 나탈리에게 그녀가 의대의 다른 청년들 중에서 투안을 선택한 이유를 말하게 했고 투안에게 감사를 표현하라고 했습니다. 그런 후에 비로소 그녀는 투안을 비난하지 않으면서도 해변에서 일어났던 일과 그 일이 그녀에게 얼마나 큰 상처를 주었는지 담담하게 말할 수 있었습니다. 그녀는 투안의 행동에 대한 그녀의 생각을 겸손하게 표현했고, 사랑하는 친구인 투안을 더 많이 이해하고 싶다는 마음을 잘 전

달했습니다.

투안은 한동안 침묵을 지키더군요. 잠시 후 그는 자신이 프랑스 친구들에게는 한 번도 말하지 않았던 과거의 상처를 밝혀야겠다고 했습니다.

"사랑하는 나탈리, 너도 알고 있듯이 나의 아버지는 베트남 의사였고 삼촌 덕분에 우리는 프랑스로 이민 올 수 있었어. 하지만 1975년 내가 6살이었을 때 북부의 공산주의자들이 남부를 점령했고 아버지는 반공군 특수 부대에서 의사로 일한 것 때문에 체포당했어. 우리 가족이 새 정권에 불복하고 우리 할아버지로부터 물려받은 모든 임대 재산을 포기하겠다고 동의하지 않았다면 아버지는 풀려나지 못했을 거고, 우리에게 다시 돌아오실 희망이 없었을 거야."

"어머니와 두 여동생과 나는 도로가 없는 외딴 정글지역에 마련된 새로운 경제 구역 중의 한 곳으로 이사를 가야 했어. 당국은 우리에게 쌀 몇 자루를 주고 벽도 침대도 부엌도 없는 지붕 하나만 달랑 있는 쉼터로 보내버렸지. 도로도 없고 버스, 기차, 택시 같은 대중 교통수단도 없는 곳이었기 때문에 어머니는 약간의 돈을 숨기고 있긴 하셨지만 시장에 가서 음식을 사온다는 것은 어려운 일이었어. 정말 배가 고팠지만 우리는 인근 마을로 갈 방법이 없는 그런 나날을 보냈어."

"내 동생들과 내가 그렇게 배고파하는 것을 보고 어머니께서는 울면서 말씀하셨어. '과거에 우리가 음식을 낭비했던 업의 과보를 이제야 받는구나. 너희들이 포 스프나 후이유 스프를 반만 먹고 나머지 반을 어떻게 버렸는지 기억하니? 너희들은 밥을 남김없이 깨끗하게 먹은 적이 없었어. 너희들은 샌드위치를 반쪽만 먹고 나머지는 그냥 버렸잖니.' 그 날부터 우리 가족은 음식을 낭비하지 않았어. 스리랑카에서 마지막 쓰나미가 발생했을 때 너희 가족은 적십자에 50유로를 후원했지. 그때 우리 가족은 프랑스에 도착한 지 얼마 안 됐고 엄마는 직업도 없었지만 우리는 적십자에 500유로를 후원했어."

그 말을 듣고 나탈리는 크게 감동했습니다. 투안의 가족이 정말로 훌륭하고 따뜻하다는 것을 알았을 때 그녀는 부끄러움으로 마음이 콩알만 해졌습니다. 투안의 저장의식이 넓은 지평선처럼 열려 그녀에게 드러났습니다. 투안에 대한 그녀의 사랑과 존경은 그 후 계속해서 커져갔답니다.

설거지를 하지 않는 남자

어느 날 당신이 가족들에게 남자친구를 소개했어요. 가족들이 남자친구가 가지고 있는 내면의 아름다움을 잘 봐주길 바라는 마음이 있었거든요. 그런데 당신의 남자친구가 저녁 식사 후에 설거지를 돕지 않았더니 당신의 어머니는 그가 게으르다고 생각했습니다. 그렇지만 사실 그 남자친구의 부모는 허락 없이 남의 집 부엌에 들어가는 것은 무례한 일이라고 가르쳤을지도 모르는 일이예요. 우리는 가끔 누군가에 대해 깊이 들여다보지 않고 작은 한 부분만을 볼 때가 있습니다. 그리고는 그 하나의 행동이 그 사람의 전체 성격이나 특성을 대표하는 것이라고 쉽게 판단해 버리고 말죠.

당신은 누군가의 행동에 대한 이유를 성급하게 추측하지 말아야 합니다. 호흡에 집중하면서 자신을 먼저 진정시키세요. 남자친구가 설거지를 하지 않았다면 다음에 그에게 왜 그가 주방 일을 도와주지 않았는지 부드럽게 물어보면 됩니다. 그러면 그는 허락 없이 남의 집 부엌에 들어가지 말라는 교육을 어릴 때 받았다고 다정하게 대답할지도 모르니까요.

마음에 꽃피우기는 사랑하는
사람을 있는 그대로 바라보고
받아들이는 방법을 배우게
합니다.

서로에 대한
오해 풀기

불교의 경전 가르침 중에는 인식이 착각을 일으키는 경우에 대해 자주 언급합니다. 가장 잘 알려진 이야기 중 하나는 길 위에 놓인 한 토막의 밧줄이 뱀으로 인식되는 예입니다. 그와 반대로 인식될 수도 있지요. 진짜로 뱀이 거기 있는데 그것을 한낱 밧줄로 인식하기도 하죠.

아마도 당신은 가끔 동료 중의 한 사람이 하는 말에 화가 날 때가 있을 거예요. 동료가 정말로 당신을 모욕하려고 하는 것처럼 보일 때도 있습니다. 당신은 그 사람이 거만하다고 생각하고 시간이 지날수록 그가 점점 더 미워집니다. 그러나 당신이 그 사람의 말에 반응하지 않는다면 내면에 더 많은 평화와 고요함을 발견하게 될 겁니다. 또 다른 날 다른 경우에 그 사람을 관찰하면 그 사람이 거만하지 않다는 사실을 알게 될지도 모르거든요. 동료는 단지 그때 마음이 너무 조급했고 미숙한 방법으로 말한 것뿐일 거예요. 당신은 전체 그림의 작은 일부분만을 본 것이죠.

　당신이 만약에 누군가에게 짜증이 났고 그래서 그 사람 근처에 있고 싶지 않다고 합시다. 당신의 이 짜증은 불완전하거나 부정확한 인식에 바탕을 둔 것일 경우가 많아요. 당신은 누군가가 당신에게서 무언가를 훔쳐가려 한다거나 당신에 대해서 나쁘게 말한다고 생각할지도 몰라요. 그런데 사실 그렇게 생각하는 당신이 틀렸을지도 모릅니다.

　그럼에도 불구하고 당신이 그 사람에게 계속 불친절하게 행동한다면 상황은 더 악화될 거예요. 실제로는 그렇지 않지만 일어날 것이라고 우려한 상황이 벌어질지도 모릅니다. 당신이 먼저 불쾌한 말투로 시작했고 상대방도 불쾌한 말투로 대꾸합니다. 그러면 서로의 상처는 점점 더 커지고 말죠. 그 사람은 사실 아주 좋은 사람인데 당신이 "그 사람은 나빠요!"라고 말하는 것인지도 몰라요. 당신의 마음이 고요해지면 비로소 이 사실을 알아차리게 될 겁니다. 오해는 항상 우리를 잘못된 방향으로 인도하죠.

누군가에 대해 어떠한 생각을 가질 때 당신이 먼저 기억해야 할 일은 당신의 인식에 대해 매우 겸손해져야 한다는 것입니다. "확실하지는 않지만 제가 보기에 그녀는 별로 똑똑하지 않은 것 같아요." "저는 그가 게으른 사람이라고 생각하지만 그를 더 잘 이해하기 위해서는 많은 시간이 필요할 것 같아요."

당신의 인식은 오해거나 잘못된 해석일 수도 있어요. 어쩌면 그는 당신이 생각하는 그런 사람이 아닐 수도 있으니 절대 결론을 서둘러 내리지 마세요.

또 다른 경우, 당신의 감정이 평화로워졌고 그 사람도 또한 평화로워졌을 때 당신은 그에게 다가가 친절하게 말할 수 있습니다. "당신이 그렇게 말하고 행동했을 때 저는 충격을 많이 받았고 마음에 상처를 입었어요. 당신이 그렇게 행동한 이유가 있었겠지요. 저에게 그 이유를 좀 말씀해 주시겠습니까? 제가 당신을 잘 이해하기 위해서 그 이유를 알고 싶습니다." 이렇게 겸손한 태도로 물어본다면 그 사람은 당신에게 상황을 설명할 기회를 갖게 되고, 그의 말을 들은 후 당신은 '아! 그 사람은 내가 생각한 것처럼 나쁜 사람이 아니었구나.'라고 깨닫게 됩니다. 그에 대한 당신의 해석이 잘못된 방식으로 이루어졌다는 것을 깨닫게 된다는 것이죠.

    자기 자신의 인식을 겸손하게 하면 관계에서 일어나는 많은 어려움을 해결할 수 있습니다. 우리에게 일어나는 모든 충돌은 잘못된 인식을 바탕으로 일어난 것이기 때문이죠.

화가 나면
말을 멈추기

"저는 제 아들과 딸을 하나부터 열까지 완벽하게 잘 알고 있어요."라고 당신이 단언하지 않길 바랍니다. 대부분의 경우 당신은 당신의 자녀에 대해서 부분적으로만 알고 있을 뿐이니까요. 우리가 자녀들을 잘 인지하는 방법을 익히기 위해서는 인내심, 사랑 그리고 호기심을 가져야 합니다.

당신의 딸이 당신이 기대했던 것과는 다르게 행동했기 때문에 화가 나거나 속상하다면 바로 그 순간에 당신은 자신이 최선을 다하고 있지 않은 것임을 알아차려야 합니다. 십대 청소년이나 젊은 성인 자녀들은 충격적인 일을 당하면 슬픔이나 심하면 우울증에 빠지기도 한다는 것을 기억해야 합니다. 그들은 점점 더 말이 없어지고 결국 가정에서 유령처럼 생활합니다.

누군가의 말이나 행동이 그들을 충격에 빠트렸을 때 부모와 자녀는 그것에 즉시 반응하거나 말하지 않도록 스스로를 수련해야 합니다. 잠시 양해를 구하고 밖으로 나가 얼마동안 걸으면서 아무 생각도 하지 마세요. 걸으면서 당신의 호흡과 발걸음에만 집중하길 바랍니다.

당신이 학교나 직장생활을 하는 가운데 분노가 당신을 끌고 다니면서 당신의 생각을 지배하게 하지 마세요. 평온함을 회복하는 동안에는 하고 있는 일에만 집중하길 바랍니다. 그 후에 시간이 될 때 조용히 앉아 당신을 화나게 만든 원인을 깊이 들여다보는 겁니다. 맑은 마음으로 바라보면서 분노의 원인을 찾아보세요. 상황을 깊이 이해하게 되면 당신과 상대방에 대한 자비심이 생겨날 것입니다.

상대방 역시 편안해졌을 때 당신은 그에게 다가가 미소를 지으면서 부드럽게 말합니다. "며칠 전에 나는 당신이 어떤 방식으로 행동하기를 기대했지만 당신이 그것과는 다르게 행동해서 충격을 받았어요. 나는 당신이 좋은 사람이라고 생각합니다. 그래서 당신이 그런 행동을 했을 때에는 분명 어떤 이유가 있었을 거라고 생각해요." 그렇게 겸손하게 말하면 당신이 염려했던 것과는 반대로 솔직한 반응을 얻을 것입니다. 그렇게 하면 분노가 해소되고 분쟁은 사라질 거예요.

우리의 인식은
불완전하다는 것을
알기

우리가 누군가에 대해 분노, 열정과 같은 강한 감정으로 가득 채우게 되면 우리의 인식이 눈멀게 되고 현실 상황을 판단하기 어렵게 됩니다. 그러니 정신적 장애물의 영향을 받지 않길 바랍니다. 또한 어떤 결정을 성급히 내리거나 행동하지 않길 바랍니다. 우리는 열병이 난 것처럼 너무 쉽게 즉석에서 결정을 내리며 행동하고, 불쑥 화를 내고는 남은 인생 동안 계속 후회할 행동을 합니다. 당신이 코끼리를 기둥으로 착각하는 것쯤은 그렇게 심각한 실수가 아니에요.

그런데 만약에 당신이 새로운 열정적인 사랑을 찾아 오랫동안 같이 생활했던 인생의 동반자를 배반하고 떠나가기로 결정했다면 이것은 엄청나게 심각한 일이죠. 당신이 새로 만난 열정적인 사람의 작은 일부분만을 보았다는 사실은 나중에야 깨닫게 됩니다. 그때야 비로소 당신은 전에 알지 못했던 당신의 옛날 인생 동반자의 훌륭한 점이 생각날 것입니다. 전남편 또는 전부인 곁에 머무르는 것이 더 좋았었다는 것을 비로소 깨닫게 되는 것이죠. 그러나 불행히도 이미 돌아가기에는 너무 먼 길을 와버렸습니다. 때는 너무 늦었어요. 당신은 그때부터 오랫동안 그 과보로 고통스러워할 것입니다.

  분노는 인간 존재의 한 부분일 뿐입니다. 그것을 부끄러워하거나 억누르지 마세요. 당신이 분노를 억압하거나 삼켜버리면 그것은 당신 내면 깊숙이 박히고 맙니다. 이것은 당신을 불행하게 하거나 병들게 만들고 우울하게 만들 수 있어요. 분노가 어느 날 갑자기 폭발할지도 모릅니다. 그런데 분노를 상대방에게 바로 표출해서는 안 됩니다. 불쾌한 얼굴을 하거나 화난 말을 하지 마세요. 일단은 그냥 밖으로 나가서 호흡을 조절하고 마음의 평화를 먼저 만드세요.

  당신의 마음은 호수의 수면과 같습니다. 호수가 고요할

때는 하늘 위의 달이 선명하게 비춥니다. 그러나 강풍에 의해 호수가 흔들릴 때 당신은 부서진 빛의 조각만 보게 되지요. 그와 마찬가지로 화가 나면 조각난 현실의 파편만을 인식하게 되는 것입니다. 그러니 급한 행동을 자제하시기 바랍니다. 호흡에 집중하면서 마음을 먼저 진정시키십시오. 걷기 명상을 하면서 몸과 마음에 집중하십시오. 사무실이나 집에서 일할 때는 마음챙김 명상을 하면서 지금 하고 있는 일에 집중하길 바랍니다.

당신의 마음이 평온해지면 사물을 좀 더 명확하게 볼 수 있고 평화롭고 사랑스러운 방법으로 분노를 조절하게 됩니다. 분노의 마음이 생기면 잠깐 동안 앉아서 왜 분노가 생겨났는지 깊이 관찰하는 시간을 가져 보세요. 당신 안에서 분노가 발생하기 바로 전에 당신의 마음이 어땠는지, 평화로웠는지 아니면 그 날 또는 전 날의 다른 짜증스런 사건으로 인해 어지러웠는지를 살펴보는 겁니다. 그 다음으로 당신에게 화를 내고 있는 사람의 마음을 살펴봅니다. 그 사람의 마음은 어떠했는지, 평화로웠는지 아니면 여러 가지 좌절감으로 가득 차 있었는지, 그 사람이 성숙한 사람인지 아니면 무례한 사람인지, 좋은 마음과 좋은 의도를 가진 사람인지를 살펴보십시오.

  당신이 더 지혜롭고 관대해졌다면 당신은 상대방을 다른 관점으로 볼 수 있습니다. 거울 속의 자신을 한번 들여다보세요. 당신이 지금 즐겁고 자비로워 보인다면 당신은 그에게 다가가 사랑스럽고 겸손한 말로 정직하게 말할 수 있는 '자격을 갖춘' 것입니다. "지난번에 제가 그러그러한 일을 했을 때 당신은 저에게 말로 상처를 주었고, 지금도 저는 마음이 괴롭습니다. 저는 당신이 사려 깊은 사람이라는 것을 알고 있어요. 그래서 당신이 그렇게 말했을 때는 분명히 어떠한 이유가 있었을 거라고 생각합니다. 당신이 그렇게 말씀하신 이유를 저는 알고 싶습니다. 저에게 말씀해 주시겠습니까?"

우리는 우리의 인식이 불완전하다는 자각을 하게 되면 항상 겸손해집니다. 무언가를 보는 방식에 확신이 생길 때 당신은 그 확실성에 대해 다시 한 번 의문을 제기해야 합니다. 당신이 틀릴 수도 있다는 것을요. 어쩌면 그 사람이나 상황의 한 쪽 면만을 보고 있는 것일지도 모르지요. 당신의 인식을 수정해서 현실을 바르게 자각하는데 도움이 되는 방법으로 마음에 꽃피우기의 수행단계를 이용하면 됩니다.

제 3 장

우리에겐 칭찬이 필요해요

감사와 행복으로
칭찬하기

　마음에 꽃피우기 위한 따뜻한 대화의 기술 첫 번째 단계는 다른 사람을 칭찬하는 것입니다. 우리가 다른 사람 마음의 꽃에 물주기를 하지 않으면 꽃들은 시들고 말죠. 하지만 꽃에 적절하게 물을 준다면 아름답게 피어나는 모습을 즐길 수 있습니다.

　직장동료 간에 우정을 나눌 때 사람들은 처음 몇 달 또는 몇 년 동안은 서로 참 행복해 합니다. 하지만 세월이 흐를수록 사람들은 서서히 행복했던 순간들을 잊어버립니다. 우리의 관계가 처음에 얼마나 소중했는지를 잊어버리고, 이제는 서로의 행동을 그저 당연시 해버리고 말죠.

　그래서 '마음에 꽃피우기'의 첫 번째 수행은 다른 사람에게서 무언가 좋은 점을 발견했을 때 바로 메모를 해두는 것입니다. 그것을 잊지 않기 위해서죠. 사랑하는 아들이 사려 깊은 행동으로 당신을 감동시킬 때가 있을 것입니다. 아들에게는 칭찬할 만한 재능이나 재주가 있어서 가끔 당신에게 보여주게 됩니다. 이럴 때 아들을 칭찬하고 그의 장점을 인정해야 하는데 수행을 통해 당신은 방법을 잘 배우게 됩니다.

  마음챙김 수행에서는 한 사람이 말하는 동안 다른 사람은 그 사람이 인정받고 있다는 느낌을 받도록 잘 들어줍니다. 당신은 당신의 배우자나 자녀, 동료나 친구들과 함께 수행을 할 수 있습니다. 이 수행은 당신이 누군가와 어울릴 때 상대방의 훌륭한 자질을 보다 쉽게 발견할 수 있도록 도와줍니다.

감사와 칭찬 리스트
작성하기

일상에서 당신에게 행복을 가져다주는 사람의 모든 것에 대해 수시로 기록해 놓으면 좋습니다. 노트북이나 컴퓨터에 파일로 보관하면 도움이 되죠. 때때로 주변사람들은 당신이 인정할 만한 여러 재능과 자질을 보여줍니다. 무언가 사려 깊은 행동을 보일 때도 있죠. 그런데 당신은 너무 바빠서 그것을 칭찬해줄 시간이 없습니다. 그렇기 때문에 꽃과 같이 아름다운 주변사람들의 재능과 훌륭한 성품에 대해 기록해 놓는 것입니다. 당신이 그것을 다시 기억해내서 종종 물을 주듯 칭찬하도록 스스로를 수련해야 하는 것이죠.

컴퓨터에 '행복'이라는 이쁜 이름의 파일을 열어 놓거나 주머니에 작은 수첩을 넣어두세요. 매일 저녁 당신의 배우자나 자녀 또는 동료들에 대해 그 날 감사했던 것들을 적어 둡니다. 마음에 꽃피우기 수행을 하기 전에 먼저 다른 사람 마음의 꽃에 물을 주기 위해 당신의 기억이 되살아나도록 그

내용을 다시 한 번 읽어봅니다.

　예를 들어 컴퓨터로 문서작업을 하거나 다른 일을 하는 동안 갑자기 당신의 배우자가 그 날 당신에게 해준 다정한 보살핌이 떠오릅니다. 그러면 바로 '행복' 파일을 열어 기록하는 겁니다. '오늘 아침에 남편이 매우 자상했다. 아이들을 학교에 데려다 준 후에 다시 집으로 돌아와 나를 도와주었다. 그 후 남편이 직장에 가는 길에 나를 사무실까지 태워다 주었다.'라고 쓰면 됩니다.

　상대방과의 관계에 문제가 생길 때까지 그 일을 미루지 마세요. 그 사람과 의견충돌을 일으키기 전에 당신이 무언가 소중하다고 생각되는 그의 장점에 감사를 표현하십시오. 이와 같이 마음의 꽃에 물 주는 것은 아첨이나 아부가 아닙니다. 당신이 마음속으로 비난할 준비를 하면서 먼저 아첨이나 아부를 하는 것과는 완전히 다른 것이죠.

'마음에 꽃피우기' 시간이 되어 마음 꽃에 물 주는 수행을 시작하게 되면 당신은 배우자에게 정말로 감사한 모든 것을 말해야 합니다. 이 수행을 하는 동안 그 사람에게 존경을 표하면서 진정으로 감사한 표정으로 바라보는 것이 중요합니다. 길게 말할 필요는 없습니다. 진실한 마음으로 감사를 표현하기만 하면 됩니다. 당신은 아마도 배우자와 처음 만났을 때를 되돌아보고 싶을 수도 있어요. 그 사람에게 가장 감동받았던 것은 무엇이었나요? 당신이 그 사람에게 발견한 너무나 아름답고 귀한 것은 무엇이었나요? 당신이 그 사실을 말할 때는 사랑스럽고 진지한 말로 해주세요.

 가정에서 '마음에 꽃피우기' 수행을 할 때는 일 주일에 하루 정도 하는 것이 이상적입니다. 가족 구성원이 모두 함께 할 수 있는 시간이나 날짜를 선택하세요. 특히 마음에 꽃피

당신의 꿈과 소망,
작은 상처까지도
나에게
말해주세요

우기 수행에 대해 알고 있는 사람이 가족 중 당신이 유일한 사람이라면 공식적인 절차를 가질 필요는 없습니다. 예를 들어 금요일에 가족끼리 맛있는 저녁 식사를 한 후 적당한 시간에 할 수도 있는 것이지요.

먼저, '행복' 파일에 기록해 놓은 것을 미리 읽어봅니다. 그런 다음에 가족들을 보면서 당신이 그들에게 갖고 있는 감사한 마음을 떠올려 보세요. 그런 다음 당신 자녀들의 어떤 성공을 축하하며 큰소리로 칭찬하세요. 가족 전체가 그것을 알게 하는 거죠. 이 수행을 매주 하면 가족 구성원들 사이에 사랑과 신뢰가 새롭게 생깁니다. 직장에서도 동료들에게 고마움을 느끼고 있지만 우리는 속으로만 간직할 때가 많습니다. 이럴 때 '행복' 파일을 만들어서 잊지 않고 고마움을 표현한다면 모두에게 즐거운 직장생활이 될 것입니다.

감사 문화
만들기

 사람들이 서로의 마음 꽃에 물주는 것으로 감사 문화를 만들어갈 수 있습니다. 이것은 실제로 서로 볼 수 있고 느낄 수 있는 것이기 때문입니다. 당신이 만약에 어떤 사람에게 그가 하는 일이 별 효과가 없다는 것을 알리고 싶다고 한다면 사실 당사자가 그것을 가장 먼저 듣고 싶어 할 거예요. 바쁜 직장 생활에서 사람들이 서로에게 조언하고 감사해 하는 시간을 갖는 것은 현명한 투자랍니다.

 그러니 다른 사람들과의 인간관계를 오래된 가구처럼 생각하지 마세요. 당신이 억지로 해야 하는 의무 관계처럼도 행동하지 마시구요. 왜냐하면 우리가 반대로 그런 사람들과 함께 있다고 한다면 전혀 즐겁지 않다는 것을 알기 때문이죠. 여러 해 동안 함께 살았거나 일한 적이 있는 사람에 대해서 당신은 아주 잘 알고 있다고 생각할 거예요. 당신이 그들에게 감사를 표현하게 되면 그 사람들과 함께 지냈던 아름다운 순간 또는 당신이 그와 함께 헤쳐 나갔던 어려운 순간들이 떠오를 겁니다. 그리고 그때 그가 얼마나 능숙하고 용감하게 그것을 잘 해결해 나갔는지도 되돌아보게 되죠. 그러면서 당신은 그 모든 순간에 감사하게 되고, 그가 했던 긍정적인 행동들도 생각나 더욱 감사한 마음이 생기게 됩니다.

  부부나 가족, 동료 또는 친구들끼리 서로의 마음에 존재하는 좋은 씨앗에 정기적으로 물 주는 시간을 정해놓으면 좋습니다. 상황이 나빠질 때까지 계속 기다리지는 마세요. 너무 늦게 마음에 꽃피우기 수행을 해서는 안 됩니다. 사랑하는 사람들에 대한 진심어린 감사를 소리 내어 표현하는 서로의 꽃에 물 주기 수행시간을 매주 금요일이나 토요일로 정해도 좋구요, 다른 날이라도 정규적으로 일주일에 한 번씩은 꼭 갖도록 하십시오.

처음 느꼈던
사랑을 떠올리기

그런데 관계가 이미 회복되기 어려운 상태가 되었다면 그 사람이 당신에게 처음으로 사랑고백 했던 때를 회상해 보십시오. 당신의 자녀, 아내나 남편, 상사나 직장 동료의 관심을 처음 받았을 때를 떠올려보고 그때 당신이 얼마나 행복했는지를 다시 회상해 봅니다.

　예를 하나 들어 보겠습니다. 결혼 후 당신은 아이를 간절히 원했고 마침내 아이를 갖게 되었습니다. 당신은 갓 태어난 어린 아이를 보면서 사랑과 놀라움을 감추지 못했죠. 그러나 점점 아기의 울음으로 불면의 밤과 낮을 보내면서 의식적으로는 그렇게 말하거나 생각하지는 않을지라도 당신은 무의식적으로 사랑스런 아기가 당신을 괴롭히고 있다고 생각하게 됩니다. 당신이 자녀에게 처음 느꼈던 감정과 생각을 현실과 대조해 보면 알게 될 것입니다. 깊이 들여다보세요. 아이의 말에 귀 기울이고, 그대로 받아들이고 이해하면서 부드럽게 말하세요. 아이가 당신의 말을 충분히 이해할 만한 나이가 됐다면 당신은 아이가 어떻게 행동하길 바라며 그 이유에 대해서도 애정 어린 마음으로 설명할 수 있어요. 하지만 자녀가 아직 말을 이해하지 못하는 아기인 경우라도 아기를 한 인간으로 존중해야 합니다.

그런데 문제는 나이든 자녀들은 당신이 자애로운 마음으로 부드럽게 말하더라도 해결되지 않는 경우가 있다는 것입니다. 그럴지라도 책임감 있고 합리적인 결과를 만들어 내기 위해서 당신은 끝까지 자녀를 존중하는 마음으로 대하고 말해야 합니다. 자녀를 존중하는 마음으로 대하면 자녀는 마침내 부모의 마음을 이해하게 되고 책임감을 배울 수 있게 됩니다.

당신은 운이 좋은 사람이라서 당신이 꿈꿔 왔던 여성이나 굉장히 자상하고 멋진 남성을 당신의 삶 속에서 만났습니다. 당신이 이 사람과 처음으로 사랑에 빠졌던 순간을 한 번 회상해 보세요. 당신이 할 수 있는 가장 훌륭하고 진지한 감정을 불러 일으켜보시고, 당신의 삶에서 그 사람을 만나게 된 것에 감사하며 진심을 담아 편지를 써봅니다.

다음 단계로 당신은 그 사람에게 이렇게 말해 보세요. "우리는 너무 미숙해서 지금 서로를 서서히 잃어가고 있습니다. 다시 마음에 꽃이 필 수 있도록 저를 도와주세요. 내가 무엇을 해야 하고 무엇을 하지 말아야 하는지 말해 주세요." 그러나 보다 중요한 것은 그 말을 하기 전에 당신은 먼저 따뜻한 기억을 되살리면서 마음의 준비를 하고 있어야 한다는 것입니다.

꽃에 물 주듯
칭찬하기

내가 아는 부부는 그들이 결혼했을 당시에는 매우 행복했습니다. 그런데 그들이 서로에 대해 더 많이 알아가면서 남편은 아내의 소유욕을 발견하게 되었습니다. 그녀는 오직 남편과 아이들과만 시간을 보내고 싶어 했어요. 시어머니가 아들과 손자를 보러 오는 것도 좋아하지 않았죠. 그녀는 친구도 없었고 스포츠나 음악수업도 받지 않았고, 마음챙김 수행을 위한 수련회에도 참석하지 않았어요.

부부는 결국 이혼을 했는데 이야기는 거기서 끝난 것이 아니었어요. 그들은 아이들을 보기 위해 서로 잠깐 만날 때마다 고통스러웠답니다. 아이들을 방문하기 전이나 후에 두 사람에게는 항상 큰 싸움이 기다렸고 아이들에게는 큰 고통이 기다리고 있었습니다.

남편은 마음챙김 수련회에 참가하기로 결심하면서 나에게 이런 말을 했어요. "스님께서도 알고 계시겠지만 이 수련회는 제가 처음으로 갖는 탈출구입니다. 저는 오래 전부터 존경하는 스승님이신 틱낫한 스님과 함께하는 수련을 꿈꿔 왔습니다. 여러 해 동안 저는 책을 통해서만 알고 있었지요. 지금까지는 그것이 불가능한 일이었습니다. 제 전처는 저의 어머니가 아이들을 방문하는 것조차 허락하지 않았고 너무 감옥 같은 삶이었습니다. 그래서 저는 이혼해야만 했습니다. 그런데 이혼했다고 해서 그녀와의 전쟁이 끝난 것이 아니네요. 저를 좀 도와주십시오."

그래서 나는 그에게 그녀 안에 있는 꽃에 그냥 물을 주듯 칭찬하고, 어떤 다른 형태의 대화도 아직 시도하지 말라고 했습니다. 그녀 안에 있는 칭찬할 만한 아름다움이나 장점 같은 무언가를 찾아보라고 했어요. 그렇게 한다면 그들이 만날 때마다 상황이 부드러워질 것이고, 또한 아이들 앞에서도 그렇게 긴장하지 않게 될 거라고요.

몇 주가 지난 후에 그가 나에게 전화를 했습니다. "스님, 효과가 있었어요. 저는 사실 가능성이 있을 거라고는 생각하지 않았지만 일단 잠깐 동안 그녀를 바라보았어요. 그런데 그녀도 저를 바라보더군요. 그 순간 제가 저의 아이들에게 말했어요. '너희 엄마를 좀 봐봐. 너희 엄마는 눈이 정말 예뻐. 너희들도 엄마의 눈이 아름답다고 생각하지 않니?'라구요."

그는 그녀 안의 꽃에 계속 물을 주었고, 그로 인해 아내는 남편에 대한 적대감이 줄어들었습니다. 이후로 그들은 매주 두 번씩 아이들을 만나기 위해 서로 만나야 할 때마다 내면의 꽃에 물을 주는 것만으로도 매우 즐거워졌다고 했습니다.

직장 상사에게
찬사 보내기

직장에서도 이와 비슷한 인간관계가 발생할 수 있습니다. 사장님과의 관계에 어려움을 느끼고 직장을 그만두고 싶어 하는 에밀리라는 여성이 있었어요. 그녀가 나에게 이렇게 말했습니다. "우리 사장님은 끔찍해요. 그녀와 함께 일하는 것은 거의 불가능합니다. 모든 직원들이 그녀를 싫어하고 있어요. 저는 직장을 때려치우고 싶지만 직장이 집 근처에 있기 때문에 다니기 편리한 곳이라 그만 두기는 좀 아깝긴 해요. 다른 직장은 차로 한 시간 반을 가야 하거든요."

나는 그녀에게 사장님 마음 안에 있는 꽃에 물을 주라고 권했습니다. 그런데 에밀리가 단호하게 말했습니다. "없어요, 그녀는 제가 감사할 만한 것이 하나도 없으니까요."

몇 주 후에 그녀가 나에게 편지를 보내왔습니다. "스님, 효과가 있었어요! 고맙습니다. 어느 날 사장님이 회의에서 업무상 특별히 도움이 되는 사항을 말한 거예요. 그래서 저는 그녀의 통찰력에 찬사를 보냈어요. 그녀는 너무 행복해 했고 그 후로 사장님과 나의 의사소통이 과거보다 훨씬 좋아졌어요. 그 날 이후로 우리는 좋은 관계가 되었답니다."

자녀의 노력과
도전을 칭찬하기

우리는 우리의 조상들에게도 꽃에 물주기를 할 수 있습니다. 우리 안에 내재되어 있는 유전적 뿌리인 조상을 알기 위한 꽃에 물주기 수행을 권합니다.

먼저 혈연 가족이나 입양 가족 각 구성원의 장점 목록을 노트 한쪽에 쓰고, 다른 한쪽에는 그들의 단점을 써보세요. 많은 사람들은 이러한 수행을 꺼려 합니다. 왜냐하면 가족 중에는 고통을 많이 받은 사람도 있지만 다른 사람에게 고통을 많이 준 사람도 있기 때문이죠. 만약 그들이 자신의 악한 행동을 반성하며 면죄 받고 싶어 한다면 그 사람은 긍정적인 면이 있는 사람이에요. 그 사람과 그의 행동은 우리 내면 안에도 충분히 존재하고 있는 거니까요.

특히 아들, 딸의 노력과 도전, 그들의 온전함을 보면서 우리는 자녀를 더 잘 이해할 수 있게 됩니다. 그렇게 하면서 자기 자신도 더 잘 이해하게 됩니다. 마음에 꽃피우기 위한 따뜻한 대화의 기술 첫 번째 단계는 다른 사람들의 꽃에 물 주는 법을 배우는 것이었습니다. 당신이 다른 사람들 안에 내재되어 있는 사랑과 용서 그리고 포용력을 감사해 하며 칭찬해 보세요. 그러면 당신도 그들로부터 사랑과 용서 그리고 포용을 받게 될 거예요. 다른 사람들에게 감사를 표현하는 수행은 당신 내면에 있는 꽃에 물을 주어 스스로를 더 편안하고 행복하게 만드는 일이기도 합니다.

제 4 장

미안해요 내가 사과할게요

진정성 있게
용서 구하기

마음에 꽃피우기 위한 따뜻한 대화의 기술 두 번째 단계는 후회하는 일에 대해 참회하거나 사과하며 용서를 구하는 것입니다. 당신이 좀 다르게 행동해야 했거나 더 잘해야 했던 일에 대해서 진심으로 용서를 구하세요. 배우자, 친구, 동료 또는 가족 구성원들의 마음에 실수를 저질렀다는 것을 알게 되었다면 그들의 마음에 응어리가 생기기 전에 용기를 내서 사과하십시오.

당신이 진실하게 사과한다면 상대방이 느낀 상처는 당신의 사과로 인해 완전히 사라질 겁니다. 상대방이 상처 받았다고 당신에게 알리기 전에 당신이 먼저 참회하고 사과한다면 관계를 개선하는데 매우 효과적입니다. 최고의 효과를 볼 수 있는 방법이죠. 당신이 어떤 상황의 일부분만을 사과하는 경우라 하더라도 참회가 진심이라면 상대방은 그것을 듣고 매우 고마워할 거예요.

먼저, 당신이 상대방에게 자신의 미숙함을 용서해달라고 말해 보세요. 예를 들어 보겠습니다. 한 어머니가 딸에게 이렇게 말합니다. "애야, 어제 눈이 많이 와서 엄마가 너를 학교에 데려주었어야 했는데 그러질 못했구나. 짧은 거리였지만 눈 속에 혼자 걸어가는 네 모습을 보니 엄마가 마음이 아팠단다. 하지만 너도 알다시피 어젯밤에 엄마는 치통이 심했기 때문에 치과 의사선생님에게 일찍 진료예약을 해놨었어. 나는 약속된 시간에 치과에 가야 했고 예약 시간을 놓치고 싶지 않았단다. 엄마는 교통이 막힐까봐 너를 학교에 데려다 줄 수 없었어. 미안하다. 엄마를 이해해 주겠니?"

아마도 딸은 어제 눈을 맞으며 혼자 학교로 걸어가면서 다른 학부모들이 그들의 자녀들을 학교에 데려다 주는 것을 보고 슬퍼했을지도 모릅니다. 그렇지만 이처럼 엄마가 이해를 구한다면 딸은 다시 행복한 마음이 될 것이고 둘의 관계는 더욱 좋아질 것입니다. 두 사람 사이의 작은 어둠은 이렇게 사라집니다.

아들아, 네가 사랑받길
원하는 방식으로 엄마도 너를
사랑하고 싶단다.

제 5 장

이해할게요

당신이

많이 아팠군요

상대방의 마음을
진심으로 물어보기

마음에 꽃피우기 위한 따뜻한 대화의 기술 세 번째 단계는 다른 사람의 마음과 심정이 어땠는지를 이해하는 단계입니다. 우리는 다음과 같은 특정 질문을 하면서 상대방을 이해할 수 있습니다. "제가 미숙함으로 당신에게 상처를 주었나요? 제가 당신을 충분히 이해하고 있나요? 당신의 속마음을 저에게 말씀해 주시겠어요?"

일반적으로 당신이 누군가를 심하게 마음 상하게 했을 때는 바로 알아차리고 사과할 수 있습니다. 그러나 아주 작은 상처일 경우 특히 당신이 상대방보다 선배이거나 힘 있는 자리에 있을 때는 그런 일이 있었는지조차 알아차리지 못할 때가 있습니다. 예를 들어 당신은 조카에게 장난을 칩니다. 하지만 조카는 그것을 좋아하지 않아요. 당신은 가끔 아이들에게 장난을 치고는 그것이 재미있다고 생각하죠. 하지만 어린아이들과 십대의 조카는 상처를 받습니다. 그것을 당신이 미처 깨닫지 못하고 있는 거죠. 이와 같은 작은 상처는 시간이 갈수록 점점 더 커집니다. 그렇기 때문에 당신이 미처 알아차리지 못한 상처인 경우에는 상대방과 대화를 통해 정기적으로 체크해야 하는 것입니다.

　아버지가 아들에게 이렇게 묻습니다. "지난 한 주 동안에 내가 너에게 상처를 준 일이 있었니? 아빠는 너를 정말 사랑한단다. 그런데 아빠가 미숙해서 너에게 상처를 준 일이 많았을 거야. 그런 실수를 반복하지 않도록 사실을 말해 주겠니?"

　엄마가 묻습니다. "엄마가 너를 잘 이해하고 있니? 엄마가 혹시 너에게 상처 준 일은 없었는지 말해 주길 바란다. 네가 사랑받길 원하는 방식으로 엄마도 너를 사랑하기 위해서 너의 말을 듣고 싶구나."

결혼과 이혼에
관한 이야기

플럼빌리지의 재가 수행자들 중에 십대 커플이 있었습니다. 나는 이 젊은 불자들이 매우 대견스러웠고 고마웠어요. 그래서 그들이 서로의 좋은 관계를 잃어버리지 않길 바랐습니다. 그래서 나는 항상 그들에게 '마음에 꽃피우기' 수행을 하도록 권했고 실제 그들은 수행을 참 잘했습니다.

나는 그들을 만날 때마다 "마음에 꽃피우기 수행을 잘하고 있나요?"라고 물었습니다. 그들은 결혼 준비를 하기 전까지 항상 내 질문에 "예."라고 대답했습니다. 그들의 결혼식 날 나는 다시 한 번 물어 보았어요. "마음에 꽃피우기를 했습니까?" 그런데 그들은 "아! 아니요, 결혼식 준비를 하느라 할 일이 너무 많아서 못했어요."

이후 그들은 결혼 후 미국에 정착했어요. 내가 가끔씩 그들을 만날 때면 "마음에 꽃피우기를 계속하고 있나요?"라고 다시 물었습니다. "아, 네! 저희는 이제 서로에게 많이 익숙

해져 있습니다. 우리는 서로를 이미 너무 잘 알고 있어요. 그래서 문제가 발생할 때만 마음에 꽃피우기를 하고 있어요."

그들은 자신들의 관계에 많은 문제가 발생하고 있다고 생각하지 않았습니다. 하지만 실제로는 작은 상처들이 하나씩 쌓여가고 있었답니다. 그들은 서로에게 서서히 짜증이 났고 그로 인해 달콤함은 줄어들고 있었죠.

그들의 주요 쟁점 중 하나는 처음에는 아주 사소한 것으로 시작되었어요. 그것은 아이들을 위해 옷을 사는 것에서 시작됐습니다. 남편은 돈을 많이 써도 걱정이 없는 가정에서 자랐습니다. 아내의 가정은 가난하진 않았지만 돈을 무엇에 어떻게 썼는지 꼼꼼히 기록해야 했죠. 두 사람은 결혼생활을 시작하면서 돈에 대해 각자의 가정에서 익힌 습관대로 했습니다.

결혼 후에 아내는 남편에게 자신이 하고 있는 일과 그 이유를 말하지 않고 정해진 선에서 돈을 썼습니다. 매년 아이들의 옷과 신발이 필요할 때는 새것을 사기보다는 언니의 아들에게 물려받은 것을 입혔고, 그렇게 해서 저축한 돈은 베트남의 가난한 아이들에게 보냈어요. 미국에서 한 아이를 입히는데 드는 비용으로 베트남에서는 스물다섯 명의 아이들이 한 달 동안 점심을 먹을 수 있고, 선생님과 봉사자들에게 월급을 지불할 수 있다는 것을 그녀가 알게 되었거든요. 어려움에 처한 어린이를 돕기 위한 프로그램을 위해 기부금 내는 것을 그녀는 아주 행복해 했습니다. 그런데 불행하게도 남편과 아이들에게 그것을 설명하지 않았던 거죠.

　오랫동안 의사소통을 하지 않았을 뿐만 아니라 그들은 서로에게 짜증과 화를 내고 있었기 때문에 14년의 결혼생활은 이혼으로 끝나고 말았어요. 그들은 세 명의 자녀가 있었고 막내는 태어난 지 겨우 3개월밖에 되지 않았어요. 주변의 사람들은 매우 충격을 받았습니다. "플럼빌리지에 머물면서 불교 수행을 하던 남편이 겨우 3개월밖에 안 된 딸을 두고 어떻게 14년의 결혼생활을 끝낼 수 있죠?"라며 의아해 했습니다.

그가 플럼빌리지로 나를 만나러 와 수행 점검할 기회가 왔습니다. 그는 이런 말을 했습니다. "저는 저 자신을 보호해야 했습니다. 아내는 더 이상 저에게 부드럽게 말하지 않아요. 그리고 지난 14년 동안 아이들을 위해 신발이나 옷을 한 번도 사본 적이 없어요. 아빠인 제가 사줘야 했죠. 제가 딸아이의 기저귀를 갈려고 할 때도 아내는 기저귀 하나 갈 줄 모른다고 투덜대면서 저를 쫓아냈어요. 저는 할 만큼 충분히 했습니다."

아내는 남편에게 가난한 아이들을 돕고 있다고 한 번도 설명하지 않았습니다. 그녀가 돕고 있는 베트남 아이들의 사진도 보여주지 않았죠. 맨 처음에 그녀는 아이들에게 "너희들이 새 구두를 신는 대신 그 돈을 가난한 아이들에게 주면 어떨까?"라고 말했었다고 합니다. 그러나 서서히 아이들에게 아무 말도 하지 않았고 남편에게도 설명하지 않았던 것입니다.

사실, 아내가 아이들에게 신발을 사주지 않아서 불만스러웠을 때 남편은 부드럽고 상냥하게 물어 볼 수 있었어요. "여보, 우리는 아이들이 세 명이나 되는데 당신이 옷과 신발을 사주지 않아 항상 내가 샀어요. 그 이유를 알 수 있을까요? 당신은 아이들을 잘 보살피는 엄마고 우리는 그렇게 가난하지도 않잖아요."

남편이 그렇게 물어봤다면 그녀는 설명해 줄 수 있었고 모든 것이 명확해졌을 것입니다. 하지만 남편은 그녀에게 묻지 않았어요. 그녀의 행동에 조금 충격을 받긴 했지만 큰 문

내가 당신을 더 잘 사랑하기
위해서 나는 당신이 갖고
있는 인생의 꿈을 이해하고
싶습니다.

제는 아니라고 여겼던 거죠.

'마음에 꽃피우기'의 세 번째 단계에서는 이렇게 질문하는 것입니다. "내가 당신에게 조금이라도 상처를 입혔거나 당신을 당황하게 했거나 또는 불행하게 만든 적이 있나요? 말씀해 주십시오. 제발 상관없다고 말하지 마세요."

아내가 왜 아이들을 위해 구두를 사지 않았는지를 남편이 상냥하게 물어봤다면 그녀는 대답했을 것입니다. "나는 베트남 출신이라서 배가 고프다는 것이 어떤 건지 잘 알고 있어요. 그래서 내가 우리 아이들을 위해 새로운 옷과 신발을 사기보다는 베트남 어린이들에게 돈을 보내기로 결정했던 것입니다. 좋은 일이긴 하지만 제가 당신과 아이들에게 이야기하지 않아서 미안해요."

그녀가 남편과 이혼한 후 내가 그녀에게 말했습니다. "이제 당신은 매주 아이들과 '마음에 꽃피우기'를 해야 합니다.

만약 당신이 과거에 했던 방식대로 아이들과의 관계를 돌보지 않고 계속 방치한다면 남편과 헤어진 것처럼 자녀들과도 한 명씩 헤어지게 될 거예요. 당신이 매일 조금씩 아이들에게 무의식적으로 상처를 준 것으로 인해 모든 자녀들을 다 잃어버리지 않길 바래요."

그래서 그녀는 요즘 매일 밤 '마음에 꽃피우기'를 수행한다고 했습니다. 먼저 취침 시간에 아이들에게 이야기책을 읽어 줍니다. 이야기가 끝나면 아이들은 모두 그녀에게 감사를 표현한답니다. 그런 다음에 아이들에게 묻습니다. "엄마가 오늘 너희들에게 상처를 준 일이 있었니?" 처음에 이런 질문을 시작했을 때 아이들이 "아니에요, 엄마. 엄마는 너무 좋아요."라고 말할 걸로 기대했다고 합니다. 그런데 말을 잘 하는 큰 아이 두 명이 "네."라고 대답했답니다. 그녀는 좀 놀랐다고 했습니다. "엄마가 너희들을 상처 줬어? 어떻게?"라고 물었죠.

  네 살짜리 아들이 말했습니다. "내가 멋진 그림을 그려서 엄마한테 보여주고 싶었어요. 그런데 엄마는 전화기를 들고 너무 오랫동안 이야기를 했어요. 저는 계속 엄마한테 그림을 보여 주면서 말했어요. '엄마, 여기 좀 봐요, 여기 좀 봐요!' 그런데도 엄마는 전화 통화를 계속했고 그림은 보려고도 하지 않았어요. 그래서 저는 그냥 학교로 갔어요. 그때 너무 속상했어요." 어른한테는 별로 대수롭지 않은 상처가 어린이에게는 아주 큰 상처로 느껴질 수 있는 것입니다. 그래서 엄마는 이렇게 대답했다고 합니다. "아, 미안하구나, 아들아. 할머니께서 먼 베트남에서 전화를 하셔서 그때 할머니와 전화통화를 계속해야 했단다. 엄마가 너의 그림을 지금 볼 수 있을까? 와, 너무 아름답구나. 그림이 아주 멋지구나." 어머니가 아들에게 사과하고 그의 그림을 높이 평가했을 때 아들의 상처는 비로소 치유된 것입니다.

그녀의 다른 아들도 이야기를 했습니다. "저는 장난감이 갖고 싶었어요. 몇 달러밖에 되지 않은 것이라서 엄마한테 사달라고 했잖아요. 그런데 엄마는 돈이 없다고 하셨어요. 결국은 아빠한테 사달라고 할 수밖에 없었어요. 저는 엄마가 돈이 많다는 것을 알고 있었는데 엄마가 장난감을 사줄 수 없다고 하셔서 너무 속상했어요."

그래서 엄마는 이렇게 대답했습니다. "미안하구나, 아들아. 아빠는 엄마랑 이혼을 했기 때문에 이제는 월급에서 많은 돈을 엄마에게 주지는 않는단다. 아빠는 집세와 우리가 사용할 식비만 주고 있어. 아빠는 너희에게 장난감을 사주고 무술 수업료를 내주고 네 형의 음악 수업료를 내주고 있어. 아빠는 엄마한테 몇 백 달러 정도는 주고 있지만 그 돈으로는 엄마가 지불해야 할 모든 것을 다 해결할 수가 없단다. 그래서 그 장난감이 비싸진 않았지만 우리가 여기서 조금 저기서 조금 이렇게 돈을 다 써버리면 다른 생활비가 부족할 거야." 그녀가 설명하자 아들은 비로소 이해했고 그녀에게 다시 미소 지었다고 합니다.

그 후 자녀들은 매일 밤 엄마와 함께 '마음에 꽃피우기'를 했고 그 시간을 기다린다고 합니다. 아이들은 "엄마, 우리 마음에 꽃피우기 해요!"라고 말합니다. 왜냐하면 그들은 자신의 감정을 말할 수 있는 기회를 갖고 엄마가 자신들의 장점에 대해 칭찬해주는 것을 너무나 기뻐했기 때문입니다.

두 사람이 이혼하기 전에 마음에 꽃피우기 수행법을 활용했더라면 쉽게 피해 갈 수 있었을 일을 그렇게 하지 못했기 때문에 그들은 헤어지고 말았던 것입니다. 가족들은 최소한 일 주일에 한 번씩 '마음에 꽃피우기' 수행을 해야 합니다. 거론할 아무런 문제가 없다고 하더라도 서로에게 항상 감사의 마음을 전하는 시간을 가져야 합니다. 이것은 관계를 더욱 풍성하게 하는 시간입니다. 결코 낭비해 버리는 시간이 아닙니다.

진정한 사랑으로
이해하기

이해 없는 사랑은 단순한 집착이나 걱정일 뿐입니다. 걱정은 매우 짧고 금방 사라지는 것이죠. 그러나 당신이 서로에 대해 진정으로 이해한다면 그것은 두 사람이 성장하는데 도움이 되는 깊은 상호간의 사랑이 됩니다.

평소 아들, 딸 또는 직장 동료에게 다음과 같은 몇 가지 질문을 한다면 당신은 상대방을 더 잘 이해하게 될 것입니다. "제가 미숙한 행동으로 당신을 귀찮게 하거나 마음 상하게 한 적이 있나요? 부디 이야기해 주세요. 어제부터 갖고 있던 사소한 불만으로 생긴 작은 짜증이거나 오래 전부터 갖고 있던 크고 작은 의견충돌을 마음 속에 간직하지 마세요. 당신도 알다시피 제가 부주의한 면이 있어서 의도와는 상관없이 당신에게 상처를 주었거나 당황하게 만들었을 거예요. 작은 일들이 쌓여서 언젠가는 우리 사이에 벽이 됩니다. 그렇게 되지 않게 제가 잘할 수 있도록 도와주세요."

당신의 배우자에게 수시로 이렇게 물어 보도록 하세요. "내가 당신을 충분히 이해하고 있나요? 내가 당신의 간절한 소망이나 가장 큰 목표를 이해하고 있나요? 당신의 사랑을 새롭고 신선하게 하기 위해 제가 할 수 있는 일을 말해 주세요. 당신의 마음을 열고 어렸을 때 경험했던 큰 기쁨과 청소년 시기의 열정을 말해 주세요. 내가 당신을 더 깊이 사랑하기 위해서 당신이 갖고 있는 인생의 꿈을 이해하고 싶습니다. 그렇게 해야 당신이 인생에서 가장 성취하고 싶어 하는 꿈을 내가 방해하지 않고 오히려 도울 수 있을 테니까요. 내가 좋아하는 것을 당신에게 강요하지 않겠습니다. 내가 당신을 조금이라도 불행하게 만든 일이 부지불식간에 있었다면 말해 주세요. 그것이 당신에게는 별로 큰 일이 아니더라도 말이에요. 그것을 듣고 당신을 더 잘 이해하도록 노력하겠습니다. 당신이 알려주지 않으면 아마도 나는 계속 그렇게 실수를 범할 것이고, 사소하고 미숙한 나의 말이나 행동이 당신에게 많은 좌절감을 줄 거예요. 그리고 언젠가는 당신이 폭발하게 될지도 몰라요. 당신이 그것을 속으로만 간직하고 있다면 병이 날지도 모르구요. 그러니 가능한 한 빨리 그 상처들을 나에게 말해 주세요."

   당신의 배우자는 이러한 질문을 받고 마음 깊은 곳의 이야기를 하면서 울음을 터트릴지도 모릅니다. 그렇게 되면 이제는 서로를 진정으로 이해하게 될 것입니다.

제 6 장

당신 그거 아세요?

나도 많이 아팠어요

나의 마음을
진정시키기

마음에 꽃피우기 위한 따뜻한 대화의 기술 네 번째 단계는 상대방의 말이나 행동으로 인해 내가 마음이 불편하다는 것을 알리는 것입니다. 우리는 그러한 상황에 신속히 대처해야 합니다. 사소한 문제들이 많이 모여서 마음이 무거워질 때까지 기다리지 마세요. 그렇다고 해서 상처를 입었거나 염증을 느끼는 바로 그 순간에 어떤 말을 하거나 행동해서는 안 됩니다. 순간적인 충동을 피해야 합니다.

먼저 들숨과 날숨의 호흡에만 집중하세요. 마음의 평정을 회복하기 위해 생각이나 판단을 멈추십시오. 잠시 마음을 가다듬고 한 마디 말만 되풀이하세요. "당신의 말과 행동이 저를 괴롭게 하는군요. 며칠 뒤에 제 마음이 좀 진정되면 말씀드리겠습니다. 하지만 지금은 하면 안 될 것 같습니다."

그러는 동안 당신은 마음을 진정시키기 위해 마음챙김 호흡과 걷기명상을 합니다. 정서적으로 조금 안정이 되었을 때 상대방이 한 일이나 말을 다시 되새겨 보는 겁니다. 그들이 왜 그렇게 행동했는지를 시간을 갖고 생각해 봅니다. 당신이 그런 상황을 만드는데 어떤 식으로든 기여했을 수도 있고 잘못 이해했을 수도 있다는 것도 다시 한 번 되돌아보아야 합니다.

나의 마음을
표현하기

모든 사람은 사물이나 현재의 상황을 진실하게 보지 않는 습관이 있습니다. 그렇기 때문에 당신이 상처 받았을 때 당신 마음을 상대방에게 알려야 하는 것입니다. 당신은 아마도 그들이 당신의 감정을 이미 잘 알고 있고, 그들이 어쩌면 의도적으로 당신에게 상처를 주었다고 생각할지도 모릅니다. 그러나 당신이 그런 것처럼 그리고 내가 그런 것처럼 그들의 인식은 자주 흐려지고, 당신에게 어떻게 상처를 주었는지 모를 때가 많습니다.

  문제는 당신이 느끼는 것만큼 그들은 그것을 그렇게 크게 느끼지 않을 수도 있다는 것입니다. 상대방이 당신과 지금 함께 살고 있는 사람이거나 매일 직장에서 보는 사람이라면 당신은 아마도 상대방에게 당신의 상처나 거부감을 표현하지 않으려고 할 거예요. 그냥 몰래 서서히 그 사람 앞에 나타나지 않으려고만 하겠죠. 그 사람에게 말하는 것이 두려울 수도 있어요. 그러나 조용한 장소에서 애정을 가지고 이야기한다면 상대방도 편안하게 들을 겁니다.

당신의 상처에 대해 말해야 할 때가 왔다면 보다 능숙한 방법으로 말해야 합니다. "지난번에 저는 당신한테 너무 불쾌했어요. 아주 진절머리가 나요. 당신은 정말 거만해요. 그걸 알고 있기나 한가요?"라고 말한다면 매우 능숙하지 못한 태도입니다. 대신에 "당신은 말하고 행동하는 것이 매우 조심스럽고 신중한 사람입니다. 그런데 지난번에 당신이 많은 사람들 앞에서 저에게 어떤 말을 하고 그런 식으로 행동했을 때 제가 정말 상처를 받았습니다. 저는 당신이 왜 그렇게 말했는지 모르겠어요. 무슨 이유가 있었겠지요? 저는 제가 사랑하고 존경하는 당신을 다시 이해하고 싶습니다."

그 사람이 왜 당신에게 상처 주는 행동을 했는지에 대해서만 물어 봅니다. 그 사람을 고소한다거나 비난하지는 않아야 합니다. 상대방이 당신의 말을 잘 듣고 그가 그렇게 행동한 이유를 말할 수 있도록 편안하게 묻습니다. 어쩌면 그 사람은 매우 놀라면서 "크게 상처받으셨어요? 미안해요, 당신을 기분 나쁘게 하려는 것은 아니었어요."라고 말할지도 모릅니다. 아마 그 사람은 좋은 의도를 갖고 있었지만 표현에 미숙했을 것입니다.

화가 발생했을 때 표현하는 방법에는 두 가지가 있습니다. 첫째는 당신이 화살 꼬챙이처럼 화를 던지고 상대방은 벽처럼 방어하는 것, 둘째는 당신이 화난 것을 겸손하게 표현하고 상대방은 당신이 말하는 것을 열린 마음으로 경청하는 것입니다. 두 번째 방법처럼 당신이 인식의 한계를 인정하고 감정을 솔직하게 말한다면 상대방도 자신의 관점을 이해하기 쉽도록 설명할 것입니다.

예민하고 소극적인 사람과
마음 나누기

당신의 마음은 이미 평온한 상태가 되었지만 상대방이 매우 예민하거나 인간관계에서 활발하지 못한 경우가 있습니다. 그런 사람과 마음나누기를 시작할 때는 상대방의 얼굴을 주의 깊고 사랑스럽게 관찰하길 바랍니다. 상대방의 기분이 어두워 보인다면 당신이 말하고자 하는 내용을 겨우 일부분밖에 말하지 못했을지라도 바로 멈추고 밝은 주제로 바꾸세요. 조금 시간이 흐른 후 그의 상태가 좋아졌을 때 다시 대화를 시도하는 게 좋겠습니다. 어쩌면 상대방은 아마도 이야기의 나머지 부분을 다 이해할 만큼 예민하고 지적인 사람일지도 모릅니다.

가출한 딸과
마음 나누기

나는 에블린이라는 여인을 알고 있습니다. 그녀의 십대 청소년 딸이 어느 날 집을 나가서 살겠다고 했답니다. 딸은 바로 짐을 싸서 친구 집으로 가버렸죠. 에블린은 화가 났습니다. 그녀는 딸에게 많은 것을 희생해가며 열심히 일해 왔기 때문에 화가 엄청 난 것입니다. "네가 어떻게 나한테 이럴 수 있니!"라며 홀로 남겨진 집에서 소리를 질렀습니다.

그 후 에블린은 마음이 차분해질 때까지 호흡에만 집중했습니다. 그리고는 딸에게 전화를 걸었어요. 그녀가 얼마나 딸에게 감사한지 그리고 얼마나 그리워하는지를 이야기했고 딸이 집으로 돌아오기를 바란다고 말했습니다. 그녀는 부지불식간에 딸에게 상처를 입혔던 것에 대해서도 사과했습니다. 딸은 즉시 집으로 돌아오지는 않았지만 관계가 천천히 회복될 수 있었죠. 에블린이 사랑의 마음으로 자신의 생각을 표현할 수 있었기 때문에 딸은 어머니가 더 이상 자신을 비난하는 것이 아니라는 것을 알게 되었어요. 결국 어머니와 딸은 다시 함께 살게 되었고 훨씬 더 평화로운 삶을 보내게 되었습니다. 겸손함과 관심 그리고 진정한 참회로 어려운 문제에 접근할 수 있다면 결코 다툼이나 전쟁은 없을 거예요.

불륜이 의심되는
남편과 마음 나누기

어느 날 당신이 자가용으로 퇴근하는 남편을 태워 오기 위해 그의 사무실에 깜짝 방문했다고 합시다. 남편은 보통 전철를 타고 다녔기 때문에 아내가 이렇게 방문하는 것은 진짜 드문 일입니다. 그런데 당신이 그의 사무실로 걸어 들어가려 할 때 창문 너머로 그를 보았는데 그가 젊은 여자와 손을 잡고 이야기하며 즐거워하고 있는 모습을 보고 깜짝 놀랍니다. 너무 화가 났지만 당신이 현명한 사람이라면 그 순간에는 아무 말도 하지 않을 거예요.

당신은 걷기명상을 하면서 자신을 진정시킵니다. 긴장을 먼저 푸는 거죠. 당신은 분노에 휩쓸리지 않기로 마음 먹습니다. 당신이 필요로 하는 시간 동안, 아마도 4, 5일 동안 그렇게 수행할지도 모릅니다. 드디어 그에게 말을 해야 할 때가 왔을 때 당신은 매우 평화로운 마음 상태가 됩니다. 그에게 무언가를 말하기 전에 당신의 컨디션을 회복하는 것이 중요합니다. 당신은 자신의 감정을 잘 표현하고 상대방이 혹시라도 당신이 듣고 싶었던 것과는 다른 무언가를 이야기한다고 해도 계속해서 그의 말을 경청할 것입니다. 그를 공격하지 않습니다. 분노에 사로잡히면 아무 것도 해결할 수 없기 때문이죠.

  마침내 마음에 꽃피우기의 네 번째 수행을 할 준비가 되었다고 느낄 때 당신은 이렇게 말하면 됩니다. "며칠 전에 나는 당신을 집에 태워 오려고 사무실을 깜짝 방문했어요. 그런데 사무실에 갔을 때 당신이 젊은 여자와 이야기하면서 서 있는 것을 보았어요. 심지어 그녀의 손을 잡고 있었죠. 나는 너무 충격을 받았어요." 그러면 그가 대답할 것입니다. "목요일이었어요? 오, 그래요, 이모의 딸인 사촌누이죠. 지금은 먼 곳에 살고 있지만 우리는 어렸을 때 남매처럼 자랐어요. 누이는 그 날 바로 이곳 공항에 도착해서 비즈니스 여행 목적을 위해 마드리드로 가는 중에 몇 시간 중간정차 시간을 보내야 했고, 그래서 우리는 함께 간단한 식사를 했어요."

  만약에 당신의 마음이 진정으로 평온하고 맑다면 그가 진실을 말하고 있는지 또는 뭔가를 숨기려고 하는지 알게 될 것입니다.

누군가의 행동에 더 이상 신경 쓰지 말고, 모든 것을 내려놓고 오로지 당신의 인생을 계속 살아가라는 것이죠.

불륜을 저지른 남편과
마음 나누기

매기라는 이름의 여성은 남편이 신용카드로 보석류와 란제리를 구매한 것을 알게 되었습니다. 그런데 그것이 가족 어느 누구를 위한 것도 아니었음을 발견하게 되었죠. 그런 상황에서 지혜로운 아내라면 남편에게 바로 소리를 지르면서 질투하고 화를 내며 위협하지는 않을 것입니다.

지혜로운 여성은 자신을 먼저 진정시키고, 그녀가 남편에게 처음으로 매력을 느꼈을 때를 회상합니다. 그때 그가 가지고 있던 많은 장점들을 다시 되새겨 보면서 며칠을 보냅니다. 그런 후에 차분한 어조로 그에게 자신의 감정을 이야기합니다. "나는 이해가 잘 안됩니다. 당신은 나에게 한마디 말도 없이 열흘 전에 보석과 란제리를 샀어요. 지난 화요일에 은행 명세서를 열어보고는 당신의 지불내역을 알게 되었어요. 나는 충격을 받았고 동시에 슬픔이 밀려왔어요. 마음을 진정시키기 위해 호흡을 가다듬고 걷기명상을 했어요. 그래서 이제서야 당신에게 이 말을 할 수 있게 됐습니다. 나는 당신의 말을 들을 준비가 됐어요."

그녀는 호흡에 집중하고 그를 방해하지 않으려고 노력합니다. 비록 그가 말하는 것 대부분이 틀린 것처럼 들릴지라도 그녀는 그 순간 그를 방해하지 않으려 노력하고, 나중이나 또는 며칠 뒤에 응답할 기회를 얻으려 할 것입니다.

그런데 사실 매기의 남편은 비서에게 은밀하게 유혹 당하고 있었어요. 비서는 그녀의 사장이 아내와 가족이 있는 사람이라는 것을 잘 알고 있었습니다. 사장과 함께 쇼핑 지역을 걸어가고 있을 때 그녀는 지금 속옷이 필요한데 신용카드를 집에다 두고 왔다고 유혹한 것입니다. 점차 그 여자와 불륜관계에 빠진 남편은 가족 돌보는 일을 등한시했습니다.

처음에 매기가 남편에게 위에서 단계별로 설명한 방법대로 했더라면 아마도 결혼생활이 돌이킬 수 없을 정도로 손상되지는 않았을 거예요. 그 전에 남편의 부적절한 행동을 바로 잡을 수 있었을 것입니다. 분위기가 더 차분해졌을 때 그녀는 남편에게 뭔가 명확하지 않은 것을 더 설명해달라고 요청할 수도 있었을 거구요. 남편의 행동이 너무 실망스러워 울 수도 있었을 겁니다.

   그런데 불행히도 매기는 침착하고 능숙하게 결혼 위기를 다룰 수 있는 내면의 힘을 충분히 갖추기 못했습니다. 그녀는 남편에게 불같이 화를 냈고 그녀의 남편은 집에서 나와 내연녀의 집으로 피신했습니다. 그리고 매기의 남편은 결국 그녀와 이혼하고 그 비서와 재혼했습니다.

제 삼자에게
도움 요청하기

어떤 경우에서는 상황이 매우 어려워졌다면 제 삼자에게 함께 자리해 줄 것을 요청할 수도 있습니다. 단, 제 삼자는 두 사람에게 충분히 가깝고 존경받는 사람이어야 합니다. 플럼빌리지에서도 한 사람이 다른 사람에게 상처를 입었을 때 제 삼자 없이는 해결하기 어려울 때가 있습니다. 심지어 두 사람이 더 자리해야 할 때도 있죠. 가끔은 양쪽 사람의 오해를 풀어주기 위해 자비로운 마음과 냉철함을 가지고 경청할 사람이 한 두 명은 더 필요하기도 합니다.

공격적인 상황에
대처하기

때때로 대화와 화해를 하기에는 상황이 너무 공격적인 경우도 있습니다. 그 상황을 피하는 유일한 길은 상대방의 좋은 씨앗에만 물을 주고, 아첨이 아닌 진정한 감사를 표현하는 것이죠. 어느 정도 상대방의 말이 부드러워졌고 마음이 차분해졌다고 여겨지면 '마음에 꽃피우기'의 처음 세 단계를 시작할 수 있습니다. 감사하며 칭찬하기, 참회하기, 그리고 다음과 같이 말하기입니다. "당신이 많은 어려움을 겪고 있었는데 제가 도움을 주지 못했습니다. 심지어 저의 미숙함으로 상황을 더욱 악화시킨 것 같아요. 저는 당신의 어려움을 잘 이해하고 싶습니다. 부디 저에게 말씀해 주십시오."

그러나 어떤 경우에는 대화를 계속하기가 너무 불안하거나 여러 해 동안 상처가 많이 쌓여서 관계회복이 매우 어려운 상황이 있습니다. 이러한 경우에는 한 번의 수행으로 해결하기 어렵습니다. 적절한 순간에 대화를 일시 중단하고 이렇게 말합니다. "다음 시간에 계속하겠습니다. 저는 당신의 말을 듣고 싶습니다. 당신이 하고자 하는 말을 모두 듣고 싶어요. 그런데 오늘은 제가 더 이상 잘 들을 수가 없어서 그러니 다음에 꼭 듣고자 합니다."

상대방이 말한 내용이 이상하고 이해하기 어렵다면 당신의 감정을 소화시킬 시간이 필요합니다. 진실을 찾고 자신의 생각을 깊이 들여다볼 시간이 필요합니다. 반성을 하다보면 책임의 일부가 당신 자신에게도 있다는 것을 알게 될 겁니다. 며칠 후 당신의 마음이 좀 평화로워졌을 때 대화를 다시 시도하세요. 기회가 된다면 상대방이 자신의 잘못된 인식을 바로 잡을 수 있도록 몇 가지 제안을 겸손하게 할 수도 있습니다.

심각하게 손상된 관계에
대처하기

대화를 통해 개선되기에는 너무 심각한 상태에 빠졌을 때나 화해를 위한 노력이 더 이상 효과가 없어 보일 때 부부는 결국 이혼하고 싶어 합니다. 그러나 그들의 아이들이 그러한 상황을 받아들이기에 아직 심리적으로 너무 연약하다는 것을 알고 있는 경우에는 쉽게 이혼할 수도 없습니다. 당신이 그러한 상황에 처했을 때는 '짚으로 진흙 덮기'라는 부처님 당시의 수행법을 권합니다.

 '짚으로 진흙 덮기'는 도로가 진흙으로 덮여 걸어갈 수 없을 때 진흙 위에 짚을 깔고 그 길을 그냥 걸어 간다는 것입니다. 갈등 상황에서 이렇게 한번 풀어 보십시오. 어떤 상황에 대해 서로가 더 이상 이해할 수 없다는 것을 알게 되었고, 짧은 인생을 끝없는 몸부림으로 보낼 수 없다는 것을 깨닫게 되었을 때 당신은 상대방에게 사면을 선포하는 것이 좋습니다. 이것은 상대방을 흔연하게 내려놓는다는 뜻입니다. 상대방에게 더 이상 신경 쓰지 말고, 그냥 모든 것을 내려놓고 당신의 인생을 계속 살아가라는 것이죠.

소통이 단절된 경우에는
간접적으로 칭찬하기

당신과 남편 사이에 마음의 장벽이 있는 경우에는 남편에게 무엇을 물어보든 거절당할 수 있습니다. 이럴 때는 마음에 꽃피우기 수행을 그와 직접적으로 함께 하려고 애쓰지 않는 것이 좋습니다. 대신 자녀나 다른 가족 그리고 친구들과 이야기하면서 간접적으로 그의 마음 안에 피어 있는 꽃에 물을 주는 거죠. 남편이 한 마디도 안하고 텔레비전만 보고 있는 것 같아도 그는 당신의 말을 듣고 있답니다. 그가 들을 수 있는 공간 내에서 자녀들에게 아버지에 대한 긍정적인 이야기를 들려주는 겁니다. 당신의 말은 그의 의식 안으로 들어갑니다. 남편이 앉아 있는 방에서 소리가 들리는 곳이라면 당신이 다른 방에 있더라도 남편을 칭찬해 보세요.

감사의 엽서나
이메일 보내기

어떤 경우에는 당신이 마음에 꽃피우기 수행의 두 번째, 세 번째, 네 번째 단계에 들어가기 전에 꽃에 물 주는 첫 번째 단계를 아주 오랫동안 자연스럽게 해야 할지도 모릅니다.

어느 날 한 어머니가 나에게 와서 그녀의 아들이 집을 나가 버리고는 자기에게 말을 하지 않는다는 이야기를 했습니다. 그녀는 아들에게 마음에 꽃피우기위한 편지를 쓰기 시작했는데 아들은 답장을 한 번도 안 했답니다. 아마 그녀의 아들은 그녀가 했던 미숙한 말과 비판적인 말 때문에 오랫동안 심하게 상처를 받았을지도 모릅니다. 나는 그녀에게 단 한 문장으로 된 엽서를 아들에게 매주 보내라고 조언했습니다. 엽서에는 과거에 두 사람이 함께 했던 멋진 추억을 회상하는 내용을 쓰라고 했습니다.

나는 그녀에게 아들로부터 어떠한 긍정적인 반응을 기대하지 말라고 했습니다. 그냥 믿음의 벽돌을 계속 쌓아가라고 조언했죠. 그녀의 아들은 엽서에 답장하지 않았어요. 하지만 3개월 후 그녀가 더 이상 기다리지 못하고 아들의 집을 방문했을 때 아들은 문을 열고 함박 미소로 어머니를 맞이했습니다. 그리고 그의 여자 친구도 어머니에게 소개해 줬습니다.

이처럼 어떤 때는 소통을 매우 천천히 전개해야 하는 경우도 있습니다. 상대방이 받아들이기를 바라는 마음으로 감사와 희망을 지속적으로 전하는 것이죠. 관계를 회복하기 위해 당신이 최선을 다하고 있다는 것만으로도 위로가 될 것입니다.

한 남자분이 나에게 와서 이렇게 말하더군요. "아들과의 관계를 새롭게 시작하고 싶습니다. 그래서 아들에게 편지와 이메일을 많이 보냈습니다. 그런데 아들은 답장을 안 해요."

나는 그 분에게 이렇게 대답했습니다. "아드님이 답장을 보내지는 않았더라도 지금 그는 매우 감동받았을 거예요."

화해하려는 선의의 시도는 결코 늦은 때라는 것은 없습니다. 다른 사람이 당신의 상세한 해명을 듣기 위한 준비가 되어 있지 않다면 긴 편지는 오히려 역효과를 낳을 수도 있어요. 상황이 여전히 불명확하거나 불충분한 경우에는 더욱 그렇죠. 첫 번째 단계에서는 상대방 마음의 꽃에 물만 주세요. 더 많은 신뢰가 회복될 때까지 실제적인 문제는 언급하지 않는 것이 좋습니다.

당신이 사랑하는 사람을 당신이 좋아하는 모습으로 변화시키려고 해서는 안 됩니다. 그는 자신의 모습 그대로여야 할 이유가 있어요.

의절했던 남동생과
화해하기

재클린와 그녀의 남동생은 오랫동안 서로 얼굴도 보지 않고 지냈습니다. 그녀의 남동생은 위출혈로 피를 많이 흘려서 거의 죽을 지경이 될 때까지 여러 해 동안 가족과 왕래하지 않고 멀리 떨어져 지냈다고 합니다. 그러나 남동생의 소식을 들은 재클린은 주저없이 그에게 헌혈해 주었습니다. 그럼에도 불구하고 남동생은 누나가 그의 아내를 좋아하지 않았다는 이유로 완쾌된 후에도 누나를 계속 멀리 했다는 거예요.

재클린과 그녀의 가족이 어머니 기일에 플럼빌리지에 모두 함께 왔습니다. 나는 그녀에게 남동생도 그날 초대해서 함께 시간을 보내도록 격려했습니다. 남동생은 어머니가 살아계실 때에도 가족을 거의 방문하지 않았기 때문에 가족들에게는 낯선 사람이었습니다. 그런데 그런 그가 왔어요.

어머니 기일을 추모하기로 한 날 가족들은 어머니께서 좋아했던 음식을 만들고 어머니에 대한 이야기를 나누면서 추모의 시간을 가졌습니다. 내가 재클린에게 말했어요. "당신 어머니의 유골은 땅 속에 있지만 실제로 그 유골은 어머니의 작은 일부분일 뿐입니다. 그녀의 지적 능력, 너그러움, 보살핌, 재능, 행복 그리고 자녀들의 성공을 위한 희생은 당신과 당신의 형제자매들 안에 모두 살아 있습니다. 당신이 두 팔을 벌려 당신의 어머니를 안고 있다는 생각을 하면서 남동생을 안아 주세요. 남동생과 자매들을 진실한 마음으로 꼭 껴안으세요. 당신은 어머니가 당신의 품안에 여전히 살아있다는 것을 느낄 것입니다."

재클린은 너무 많은 상처를 받았기 때문에 겨우 마지못해 그녀의 남동생에게 다가갔습니다. 그러자 남동생은 그녀에게 두 팔을 벌렸고 두 사람은 눈물을 흘리며 소리 내어 울면서 꼭 끌어안았습니다. 그들의 화해는 말을 통해서가 아니라 두 팔을 벌려 꼭 끌어안음으로써 가능했습니다.

가족끼리 고소하는 일은
안 하기

남(Nam)은 텍사스에 살고 있는 수학 교사였습니다. 그는 아들이 수학 문제를 늦게 풀 때면 불같이 화를 냈죠. 때때로 아들이나 아내가 그를 짜증나게 하면 폭력을 휘두르기도 했어요. 그런 그가 틱낫한 스님을 만나 마음챙김 명상 안거에 참석한 후 과거의 모든 잘못된 행동을 아내와 아들에게 참회했습니다. 상황이 점차 개선되는 것처럼 보였습니다.

그런데 어느 날 갑자기 그가 나에게 도와달라고 전화를 했습니다. "스님, 제 아내가 아들을 데리고 새로 구입한 차와 모든 소지품과 현금 그리고 제가 그녀를 위해 구입해 줬던 보석을 가지고 도망갔습니다. 저는 아들을 때리지도 않았고 그녀와 싸우지도 않았습니다. 단지 그녀가 저에게 부탁한 작은 일이 하나 있었는데 아직 그 일을 하지는 않았지만 그것을 거부한 것은 아닙니다. 스님께서도 아시다시피 저는 예전의 무례한 태도를 많이 바꾸었고, 이러한 변화를 알고 있는 저의 친구들은 지금 충격을 받았어요. 제 친구 중에는 무료로 저를 도와주겠다는 유능한 변호사도 있습니다."

나는 그에게 말했습니다. "법에 의한 구속과 협박은 사랑하는 관계에서는 해서 안 될 일입니다."

나는 그에게 물었습니다.

"당신은 아직도 당신의 아내를 사랑합니까?"

"네, 스님!"

"그렇다면 변호사를 부르지 마세요."

2개월 후에 남편이 나에게 전화를 했습니다. "스님, 지금 제 옆에 누가 있는지 아세요? 저의 아내와 아들입니다! 그들이 저를 너무 보고 싶어 했습니다. 저는 아내가 캘리포니아에 있는 오빠 집에 분명히 있을 거라는 것을 알고 있었습니다. 그래서 제가 어느 날 캘리포니아에 있는 처남의 집을 방문하기로 했죠. 그녀는 오빠가 큰 집을 가지고 있어서 머물

수 있는 방이 있고, 캘리포니아 주에서 좋은 직장을 찾을 수 있을 거라고 말하곤 했어요. 아내도 저와 같은 공학도인데 그녀는 캘리포니아 주에서 직장을 잡는 것이 좋을 거라고 생각했다고 합니다. 하지만 그녀가 저를 떠나서 근심걱정 없는 삶을 살 거라는 예상은 현실과는 거리가 먼 것이었나 봅니다. 아내와 아들은 저를 보자마자 뛸 듯이 기뻐하며 저를 꼭 끌어안았습니다. 캘리포니아에서의 생활은 생각했던 것보다 훨씬 어려웠다고 합니다. 그녀는 제가 명상안거에서 돌아온 후 얼마나 다정했는지를 기억하고 있었습니다. 이제 아내는 지금의 저를 저의 온전한 본모습으로 인식합니다. 저에게 변호사 친구의 제안을 받아들이지 않도록 조언해주셔서 스님께 깊이 감사드립니다."

치매에 걸린 가족과
수행하기

치매에 걸린 사람은 더 이상 옛날에 당신이 알고 있던 사람이 아니라는 것을 알아야 합니다. 그렇기 때문에 현재 그가 가지고 있는 기억에 따라 새로운 관계를 맺어야 합니다. 특히 치매환자와 함께 있을 때는 가장 좋았던 순간에 대해서만 회상하도록 해야 합니다.

치매에 걸린 나의 이모에 관한 이야기를 해드릴게요. 이모는 많은 것을 기억해내지는 못하지만 종종 기억해 내는 내용을 보면 모두 과거의 부정적인 일들 뿐이었어요. 그래서 나는 이모를 만날 때마다 과거에 있었던 긍정적인 일들을 불러일으키게 하려고 노력했습니다.

나는 이모에게 이모의 아버지, 즉 나의 외할아버지의 이름을 말하면서 혹시 이 이름을 알고 계신지 물어 보았습니다. 그 분이 한 일과 이모가 한 일을 물어보았죠. 그랬더니 이모는 20대 때에 온 가족을 사랑스럽게 돌보던 젊고 멋진 아가씨가 했던 일에 대해서 즐겁게 이야기하시는 거예요. 나는 조금씩 이야기의 균형을 맞춰갔습니다. 그런 다음 30대 때의 결혼 생활, 40대와 50대 때의 결혼 생활을 조금씩 더 물어보았습니다. 이런 식으로 이모가 고통의 세월이 아닌 기쁨과 성공의 세월에 대해서 떠올리게 했습니다. 나는 이모가 행복한 기억을 떠올리도록 이렇게 도와드린 것이죠.

내가 살고 있는 마을의 프랑스 친구도 아내가 치매를 앓고 있습니다. 그 친구는 아내를 방문할 때마다 아내가 아직도 열여섯 살인 것처럼 행동한다고 불만스러워 하더군요. 그의 아내는 그들이 어렸을 때 사촌들과 함께 밖에 나가 춤을 추던 즐거웠던 시간에 대해서만 이야기한다고 합니다. 그럴 때면 그 친구는 절망적인 마음이 들었다고 하네요. 그래서 나는 그 친구에게 아내의 18세 또는 20세 때의 추억을 함께 즐기라고 조언해 주었어요. 그랬더니 이제 그 친구는 하루에

30분 동안 그들이 아직도 젊은 시절의 커플인 것처럼 아내와 함께 이야기한다고 합니다. 그것은 전혀 잘못된 것이 아니거든요!

제 7 장

내가
안아
줄게요

동서양이 결합된
포옹명상

마음에 꽃피우기 위한 따뜻한 대화의 기술 다섯 번째는 멋진 마무리 수행인 포옹명상입니다. 우리의 스승 틱낫한 스님은 포옹명상을 동서양의 조합으로 보시고 곧잘 티백(tea bag)에 비유합니다. 차는 아시아에서 많이 재배되지요. 산 속 차 밭에서 신선한 잎을 골라내어 서늘한 방의 그늘에서 조심스럽게 말립니다. 그 다음 차관에 차를 넣고 약간 더운물을 부은 다음 잠깐 놓아두었다가 마십니다. 차가 서양에 들어왔을 때 사람들은 아주 빠르고 실용적이며 쉽게 마실 수 있는 티백을 만들었습니다. 티백을 머그잔에 넣고 더운 물을 부으면 몇 분 만에 차가 준비되니까요. 그것은 동양과 서양의 지혜가 결합된 것입니다. 이제 틱낫한 스님은 동서양의 화해를 위한 또 다른 멋진 수행을 포옹명상의 형태로 보여주십니다.

서양에서는 친구나 가족끼리 인사할 때 흔히 포옹을 합니다. 하지만 그들이 인사로 하는 포옹은 짧고 피상적입니다.

대부분 포옹에 별로 신경 쓰지 않죠. 포옹을 하면서 앞으로 맞이할 저녁 일과나 해야 할 다른 일에 대해서 생각할지도 모릅니다. 그렇기 때문에 그것은 진정한 포옹이 아닙니다. 틱낫한 스님은 포옹에 명상을 접목한 포옹명상을 진심으로 권합니다. 몸으로 포옹하는 부분은 서양문화에서 왔고 마음으로 포옹하는 부분은 동양문화에서 온 것이죠.

포옹명상
방법

포옹명상은 마음챙김 수행을 하면서 포옹하는 것을 의미합니다. 포옹명상을 할 때는 용수철 장난감처럼 바로 포옹하는 것이 아닙니다. 포옹하기 전에 먼저 마음을 현재의 순간에 완전히 집중합니다. 두 사람은 서로 마주보고 서서 호흡을 따라가면서 몸과 마음이 서로 연결되도록 집중합니다. 상대방을 깊이 들여다보고 그 사람의 존재를 소중하게 생각하는 것입니다.

    아내를 보는 순간 당신은 더 명확하게 보게 됩니다. "내 앞에 있는 이 사람은 내 아이들의 어머니입니다. 우리는 수없이 많은 행복과 고통의 시간을 함께 보냈습니다. 이런 아내가 나에게는 너무나 소중합니다!" 그렇게 생각한 후에 두 팔을 벌려 안아주면서 그녀가 얼마나 소중한 존재인지를 생각합니다. 이런 아내에게 무슨 일이 일어난다면 당신은 몹시 고통스러울 겁니다.

아내는 남편을 보면서 말합니다. "당신은 내 아이들의 아버지예요." 아내는 두 팔을 벌리고 숨을 들이쉬고 내쉬면서 조용히 또는 큰소리로 말합니다. "세 명의 훌륭한 아이들의 아버지가 되어 주어서 정말 고마워요. 우리 아이들은 당신과 나의 조상들로부터 가장 좋은 점을 물려받아서 너무나 사랑스럽고 재능도 많고 예뻐요." 다시 숨을 들이쉬면서 말합니다. "나는 이 아이들의 아버지인 당신이 나의 팔 안에 이렇게 살아 있다는 것이 너무 행복해요." 숨을 내쉬면서 말합니다. "정말 고마워요." 숨을 들이쉬면서 말합니다. "만일 당신에게 무슨 일이 생기면 나는 비참해질 거예요." 숨을 내쉬면서 말합니다. "당신이 제 팔 안에서 이렇게 살아 있다는 것이 정말 행복해요."

부모는 아들, 딸을 깊이 들여다보면서 말합니다. "너희들은 우리와 우리 조상들의 가장 좋은 것을 미래에도 이어갈 거야. 너희들은 아주 어렸을 때부터 지금까지 내가 깊이 사랑해온 나의 아들과 딸이란다. 너희들은 나의 미래와의 연결이며 연속이고 앞으로 나의 희망과 포부를 간직해 갈 거야."

아들과 딸은 아버지와 어머니를 보면서 말합니다. "나의 아버지! 아버지는 저희에게 너무나 소중한 분이예요. 지금 아버지를 품에 안을 수 있어서 너무 기뻐요. 어머니, 나의 어머니! 어머니는 연약하시지만 강한 분이세요. 용감하신 어머니! 어머니는 언제나 자식들을 보호하기 위해 모든 위험에 맞서 오셨고 모든 어려움을 감당해 오셨어요. 저희들 인생에 주어진 이 소중한 보물을 제가 품에 안을 수 있어서 너무 좋아요."

동생이 누나와 포옹할 때도 포옹명상을 하십시오. 잠시 동안 누나를 바라봅니다. 포옹을 하면서 누나 안에 남아 있는 어머니와 어머니의 따뜻한 성품을 찾아보세요. 포옹하면서 생각합니다. "아, 내가 누나를 안고 있어서 얼마나 기쁜가. 동시에 부모님도 함께 안아주고 있어서 너무 기쁩니다. 나는 누나들 안에서 내 부모님의 모든 성품을 볼 수 있어서 매우 행복합니다."

북미에 살고 있어서 자주 만나지 못하는 베트남 출신의 여학생이 명상하러 플럼빌리지에 오는 날이면 나는 그녀와 포옹으로 인사합니다. 그녀를 보고 두 팔을 벌리면서 생각하죠. "이 사람은 베트남의 딸이며 서양의 딸입니다. 이 젊은 여성에게는 두 가지 문화가 공존합니다. 그녀는 틱낫한 스님에 의해 설립된 이 곳 아름다운 실천의 공동체에 의해 마음이 착하고 아름다운 사람으로 성장했고, 더 많은 아름다움을 북미 사람들에게 나누어 주기 위해 이 곳에 왔습니다."

나는 그녀를 꼭 안고는 그녀의 존재를 소중하게 생각합니다. 그녀가 플럼빌리지에서 시간을 보내기 위해 그렇게 먼

길을 왔다는 것은 매우 소중한 일입니다. 우리는 이렇게 포옹명상을 합니다.

"당신이 제 팔 안에서 이렇게
살아 있다는 것이 정말
행복해요."

30년 결혼생활 후
첫 포옹명상

콜로라도에서 틱낫한 스님과 함께하는 안거가 열렸습니다. 그 곳에 한 심리치료사가 참석했는데 그는 포옹명상을 하며 마음챙김 수행하는 법에 대해 배웠습니다. 그는 안거가 끝난 후 집으로 돌아갔을 때 공항에 환영 나온 아내에게 이 새로운 수행법을 시도해보았다고 합니다. 그는 아내를 보고 바로 포옹을 하지 않고 처음에는 큰 감사의 마음을 가지고 집중하면서 그윽하게 그녀를 바라보았다고 합니다. 그리고 난 후 두 팔을 벌리고 오랫동안 그녀를 안아 주었습니다. 그의 사랑이 완전히 전달되었다고 느꼈을 때까지 그녀를 놓아주지 않았다고 합니다.

남편의 포옹이 이전과 달라진 것을 느낀 아내는 놀라워하며 그에게 물어보았습니다. "이게 어떻게 된 일이에요? 우리가 30년 동안 같이 살아 왔지만 당신이 이렇게 저를 안아준 적은 한 번도 없었잖아요."

그가 말했습니다. "나는 한 스님께 이 방법을 배웠어요. 이 것은 마음챙김 포옹이라는 겁니다." 그녀가 물었죠. "스님이 저를 그렇게 안아 주라고 가르쳐 줬단 말이에요? 그 스님이 누구시죠? 저도 만나 뵙고 싶어요."

그래서 그녀는 틱낫한 스님의 다음 안거에 참석했고, 차 명상시간에 모든 사람들에게 자신의 이야기를 들려주었습니다. "남편이 명상안거에서 돌아왔을 때 저를 안아 주었던 방식이 저를 굉장히 행복하게 만들었어요. 저도 남편과 차를 마시고 밥을 먹고 포옹을 할 때마다 그이를 행복하게 만들어주고 싶어서 마음챙김 포옹명상을 배우러 왔습니다."

포옹명상은 아주 깊은 효과를 주는 간단한 수행법입니다. 이것은 '마음에 꽃피우기' 시간을 마무리하거나 또는 언제든지 사랑하는 사람에게 깊은 감사를 표현할 때 쓰는 훌륭한 수행방법이죠.

아버지의 장례식에서
포옹명상

내가 아는 한 가정은 다섯 명의 성인 자녀들이 서로 낯선 사람처럼 지내고 있었죠. 내가 그들 가정의 가톨릭 장례식에 참석했을 때 네 명의 아들이 서로 간에 큰 갈등을 안고 있었어요. 그들은 다른 형제들이 집에 있으면 절대 집에 가지 않았다고 합니다. 나는 이 사실을 그때까지 전혀 모르고 있었어요.

장례식에서 아버지의 관이 막 닫히려 할 때 나는 아버지의 시신을 가리키며 그들에게 말했죠.

"이 몸은 당신 아버지의 한 작은 부분일 뿐입니다. 당신의 아버지 안에 있는 훌륭한 점들, 그의 마음과 재능, 아름다움과 자애로움은 여러분 각자 모두에게 들어 있습니다. 당신 형제들이 서로 포옹하고 다시 아버지를 포옹해 드리세요. 여러분 모두에게는 아버지와 어머니의 성향이 들어 있습니다. 부디 아버지의 살아있는 몸을 당신의 품 안에 꼭 껴안으세요!"

그들은 한 명 한 명씩 서로를 껴안으면서 큰 소리로 울더군요. 그들의 어머니는 자녀들이 그동안 아무 일도 없었던 것처럼 서로 이야기하는 것을 보고 놀라워했습니다. 그들은 지난 5년간 크리스마스나 새해에도 전혀 연락하지 않고 살아왔기 때문이죠.

깊은 상처를 치유하는
포옹명상

우리가 버몬트에서 주최한 3주간의 명상안거 동안 서로에게 아주 매정하게 행동했던 한 부부가 있었어요. 명상안거 중에 아내는 남편에게 격노하여 가솔린을 부어 불 질러 버리겠다고 위협까지 했죠. 그녀의 분노는 엄청났습니다. 아내가 자신에게 불을 지르려고 한다고 남편이 신고를 해서 경찰까지 왔었습니다.

 내가 '마음에 꽃피우기' 수행에 관한 발표를 한 후에 남편이 나에게 와서 말을 걸더군요. "스님, 제 아내가 화가 나서 저한테 불을 지르겠다고까지 하네요. 저는 아내가 스님의 말씀을 좀 들었으면 좋겠습니다. 다음 주에 스님께서 '마음에 꽃피우기'를 한 번 더 말씀해 주신다면 큰 도움이 될 것 같습니다." 나는 그의 아내를 초대하여 다음 주에 함께 이야기를 하자고 했어요. 그리고 그 후 두 사람을 만났죠. 만남이 끝나갈 때 즈음 나는 그들에게 포옹명상법을 알려주었어요. 나는 그들의 배경을 잘 알고 있었기 때문에 매우 개인적인 방법으로 그들을 지도할 수 있었죠.

내가 그 남편에게 먼저 말했어요. "바로 포옹하지 마십시오. 그녀를 바라보십시오." 그런 다음 나는 남편에게 다음과 같이 생각하라고 했습니다. "여기 아름답고 젊은 여성이 있습니다. 지난날 나는 그녀와 거의 2년 동안 사랑에 빠졌습니다. 그녀는 나를 위해 그녀의 가족, 고향, 직업, 경력 그리고 그녀의 모든 것을 포기했습니다. 그녀는 나에게 세 명의 훌륭한 아이들을 낳아주었습니다. 내가 어떻게 이렇게 사랑스럽고 상냥하고 젊은 아가씨를 만날 수 있었을까요? 나는 그동안 너무 미숙하게 행동했고 그녀를 고통스럽게 했습니다. 그런데도 그녀가 여전히 나를 사랑하고 내 품 안에 있고 훌륭한 내 아이들의 어머니라는 것이 얼마나 대단한 일입니까."

그 다음에 나는 아내에게 이렇게 생각하라고 말했어요. "여기에 내 남편이 있습니다. 그는 많은 동료들로부터 존경받는 재능 있는 의사입니다. 우리가 서로를 선택했을 때 나는 굉장히 행복했습니다. 우리는 서로에게 미숙했기 때문에 서로 상처를 주고 공격하고 비난했습니다. 그렇지만 우리는 여전히 깊이 사랑하고 있으며, 우리의 사랑스러운 세 아이들에게도 그런 사랑이 분명히 존재합니다."

나는 각자의 배경으로 들어가서 각각의 아름다움을 열거했어요. 그리고 "이 사랑의 열매가 있습니다."라고 말하면서 그들의 아이들 이름을 하나하나 불러 주고 이렇게 생각하게 했죠. "우리는 우리 자신과 부모님 그리고 조상님들이 가지고 있는 최고의 자질을 아름답게 계승했습니다. 우리는 오랜 두 혈통을 대표하며 우리 아이들을 통해 더욱 아름다운 삶을 만들어갈 수 있습니다." 이렇게 말하고 나니 그들이 눈물을 흘리며 큰소리로 울더군요. 다음날 그들은 아이들을 데리고 와서 나를 안아 주었습니다. 매우 행복한 포옹명상이었습니다.

제 8 장

마음에 꽃피우기 체험 이야기

우리는 이제 매일매일 행복해요

지금이 바로 그때입니다

존 살레르노 화이트

고향에 성격 좋은 친구 한 명이 아보카도 농사를 굉장히 크게 하고 있습니다. 어느 날 그 친구가 나에게 묻더군요. "아보카도 나무를 심는 가장 좋은 시기를 아니?" 나는 어깨를 으쓱하면서 머리를 흔들었죠. 그러자 그가 "바로 지금이야!"라고 말하더군요. 무언가 큰 이익을 창출하려면 바로 지금 그 방향으로 행동을 취해야 한다고 그는 믿었던 거죠.

'마음에 꽃피우기'도 그와 같다고 생각해요. 누군가와 처음으로 마음에 꽃피우기 수행을 해야 하는 상황이 발생하면 그것을 해야 하는 시간은 바로 그 순간이거나 또는 할 수 있는 가능한 가장 빠른 시간에 해야 하는 거죠. 너무 오래 기다리게 되면 수행을 함으로써 얻게 되는 이익을 놓칠지도 모릅니다.

마음에 꽃피우기 수행단계는 우리가 필요할 때 언제라도 순서에 상관없이 사용하면 됩니다. 수행단계로 우리를 구속

한다든지 또는 뒤로 미루게 하려는 의도는 전혀 없어요. 우리가 마음에 꽃피우기의 모든 단계를 항상 다 실행할 수 있는 것도 아니고 심지어 다 필요로 하는 것도 아니에요. 좀 더 공식적인 수행에 들어가기 위해 그 조건이 맞을 때까지 기다리는 것보다는 항상 비공식적인 방식으로 그 수행의 행동 지침을 사용하는 것이 훨씬 낫다는 말입니다.

  간혹 비공식적인 '마음에 꽃피우기' 수행을 성공적으로 참여하기 위해서는 어찌되었든 공식적인 '마음에 꽃피우기' 수행에 관한 확실한 이해가 필요하죠. 이러한 이해를 바탕으로 해서 수행자는 자신과 다른 사람 사이에 생길 수 있는 고통을 잘 돌보는 방법을 알게 되는 거니까요. 우리는 많은 사람들 마음의 정원을 돌볼 준비가 되었으며 지금 이 순간에도 이 보살핌을 시작 할 수 있습니다.

카미노 드 산티아고에서
마음에 꽃이 피었어요

미첼 래트너

나는 2008년 아내와 함께 프랑스 남동부의 르 쀠앙벨레에서 스페인 북서부의 산티아고 데 콤포스텔라까지 수천 킬로미터를 걸었습니다. 우리는 하루에 7시간에서 10시간 동안 걸었죠. 고대로부터 내려오는 전설과 카톨릭 교회에 따르면 이 길은 세인트 제임스의 유물이 안치되어 있는 산티아고 데 콤포스텔라에 도착하기 위해서 많은 순례자들이 1,200년 동안 이용해온 코스라고 합니다. 우리는 배낭에 오직 필요한 것만 넣고 가볍게 여행을 시작했어요.

아침 6시 30분에 일어나 짐을 꾸리고 아침 식사 후 걷기 시작했어요. 아침 나절에 우리는 유치원 서클 타임과 플럼빌리지의 마음에 꽃피우기 수행시간의 혼합같은 아침 조회 시간을 가졌습니다. 우리는 서로에게 특별한 인사를 나누며 노래를 불렀고 어떤 식으로든 우리를 격려해 준 사람들에 대해서 그리고 서로에 대해서 감사를 표현했습니다. 예를 들어

앤 마리는 그녀가 가고 싶어 하는 교회에 내가 기꺼이 들러 준 것에 대해 나에게 감사해 하기도 했고 또는 전에 우리가 만났던 친절한 사람들을 만나면 그들에게 감사를 표현하기도 했습니다.

감사의 말을 한 후에 우리는 참회와 슬픔도 함께 나눴어요. 우리가 한 행동이나 하지 못한 행동 그리고 어떤 이유로든 우리가 느낀 고통에 대해 이야기했습니다. 우리의 참회와 슬픔은 감정적인 생각에서 나온 말이나 행동과 관련이 있었어요. 때로는 우리 둘 중에 한 사람이 특히 보고 싶어 했던 박물관 문이 닫혔을 때와 같은 슬픔을 서로 나누는 경우도 있었죠.

흔히 이러한 우리의 나눔은 오래된 습관, 어린 시절의 상처 또는 간절한 소망에 대한 기나긴 대화로 이어졌어요. 우리 앞뒤로 길이 수십 마일씩 뻗어 있었지만 우리는 조급하게 느껴지지 않았죠. 우리의 이러한 아침 조회는 때때로 몇 시간씩 계속되기도 했답니다.

  마음에 꽃피우기 수행은 우리의 관계를 더욱 깊게 만들었고 도보여행을 즐겁게 만들었어요. 비록 우리가 28년 동안 결혼생활을 했음에도 불구하고 우리의 삶은 결코 이 여행 동안에서처럼 그렇게 끊임없이 가깝게 결속되어 있지는 못했거든요. 우리는 3개월 동안 하루 24시간 내내 곁에 있었습니다. 하루를 점검하면서 우리의 작은 상처와 고통이 빠르게 치유되었고, 잘못이 있을 때는 서로에게 바로 사과했죠. 우리 주변에 일어나는 삶의 경이로움과 서로에 대한 감사함이 매일매일 깊어졌답니다.

가족에게 마음에
꽃피우기를 소개했어요

존 무어

내 여동생과 아버지는 함께 휴가를 보내면서 심각한 논쟁을 벌였는데 그것으로 인해 엄청난 대립 상태가 되었습니다. 여동생이 해외에 살게 된 이후로 두 사람은 얼굴을 마주칠 기회가 없었습니다. 두 사람은 이전처럼 다정한 부녀사이로 지내지 못하게 된 거죠. 어쨌든 그들이 서로 만나기를 원할 것이라고 확신할 수도 없었어요. 나는 어머니와 남동생 부부에게 뿐만 아니라 여동생과 아버지에게도 이메일을 보냈어요. 나는 마음에 꽃피우기 수행에 대해서 설명했고 그리고는 내 감정을 예를 들어 설명했어요.

나는 두 사람의 마음에 있는 꽃에 물을 주면서 어려움과 참회의 마음을 부드럽게 전했습니다. 이메일을 보내는 것이 내가 두 사람 사이에 끼어드는 것처럼 보이지 않도록 조심했어요. 그래서 가능한 아주 간단하게 의사소통을 했죠. 그들이 내가 한 방법과 같은 형식을 취하지는 않았지만, 어떤 대화는 그들이 서로의 상처를 무시하지 않으면서 관계가 치유되는 결과를 가져왔고 이후 지속적인 만남의 계기가 되어주었습니다.

누군가와 마음에 꽃피우기 수행을
해야 하는 순간이 온다면 그때는 바로
지금입니다.

어린이들과 함께
마음의 꽃에 물을 주었어요

애니 마혼

우리는 아이들을 위한 마음챙김 여름 캠프의 일환으로 마음의 꽃에 물주기 수행을 했습니다. 매주 캠프가 끝날 때 어린이들과 카운슬러들이 원 안에 꽃을 놓고 둥글게 앉습니다. 우리는 마음 꽃에 물 주기 과정을 설명하고 난 후 지난 주부터 함께 지내온 다른 어린이들 및 어른들과 함께 각각의 참가자들에게 지정된 친구를 칭찬하거나 감사를 표현하도록 했죠.

어린이들은 준비가 되면 일어나서 칭찬해 주고 싶은 사람 앞에서 무릎을 꿇거나 꽃을 그 상대방의 자리에 갖다 놓습니다. 그런 후 그 사람이 왜 고마웠는지 말했어요. 이 일이 끝나면 그는 꽃을 다시 중앙에 갖다 놓고는 본인의 자리로 돌아갑니다.

모든 연령대의 어린이와 청소년들에게 이 수행은 매우 아름다운 경험입니다. 한 예로 1년 동안 캠프 회원으로서 발달

장애를 겪고 있는 존과 인기가 많은 소녀 중의 한 명인 릴라가 친구가 되었어요. 이 경험은 두 사람 모두에게 아름다운 추억으로 남을 것입니다. 건강하지 못한 존은 대체적으로 친구들 특히 소녀들로부터 긍정적인 피드백을 많이 받지 못했어요. 릴라가 존에 대해 높이 평가한 점에 대해 이야기를 나누었을 때 존은 떨 듯이 기뻐했죠. 나는 릴라가 마음의 꽃에 물 주기 프로그램이 아니더라도 존같이 긍정적인 사람을 높이 평가하지 않을 리가 없다고 생각했어요. 아마 지금도 그녀는 발달상으로 지연된 다른 아이들을 아름답게 바라보는 멋진 소녀가 되어 있을 거예요.

손자를 키우며
마음에 꽃이 피었어요

레니스 리옹

매일 나는 손자와 함께 이야기책을 읽고 나서 아이의 등을 문지르면서 사랑하는 사람들의 이름을 불러줍니다. 그리고는 이렇게 말하지요. "나는 너를 지켜보고 있을 거야. 너를 안전하게 지켜 줄 거야." 그러면서 녀석이 잠들 때까지 뺨과 이마에 부드럽게 입맞춤을 하지요.

이 귀여운 손자의 탄생과 함께 나와 나의 가족은 어두웠던 마음이 치유되었습니다. 나는 아들이 한 살 때 이혼을 했고 한 부모 가정이 되었습니다. 고통스런 이혼의 외상으로 삶에 대한 나의 공포감은 점점 깊어져갔고 아이들에게도 소홀했습니다. 그러다가 뒤늦게 마음챙김 수행을 통해 아이들이 원하는 것은 엄마가 바로 곁에 있어주는 것이라는 걸 알게 되었습니다. 그리고 지금 내가 원하는 것은 손자 마테우스를 즐겁게 해주기 위해 이 아이의 곁에 있는 것입니다. 스님들의 가르침 덕분에 지금 현재 이 순간에 존재한다는 것이 어떤 느낌인지 잘 알게 되었죠.

  나는 손자에게 화를 내지 않았습니다. 목소리를 높이지도 않고 퉁명스런 말투도 쓰지 않죠. 그런데 어느 날 내가 갑자기 손자를 향해 공격적으로 폭발했을 때 스스로도 깜짝 놀랐습니다. 손자를 침대 위에 눕히고 기저귀를 갈던 때였어요. 갑자기 마테우스가 전에 하지 않았던 행동을 하는 거예요. 손을 뻗어 내 위로 올라와서는 내 팔을 갑자기 물어 버렸어요. 나는 순간적으로 손으로 손자의 얼굴을 때렸습니다. 강하게 때린 것은 아니었지만 분명 따끔했을 거예요. 마테우스는 흐느껴 울기 시작했어요. 그때부터 우리의 관계에는 변화가 왔답니다. 나는 손자를 안아주면서 계속해서 속삭였죠. "미안하다, 마테우스야. 정말 미안해."

  마테우스를 집에 데려다 주면서 나는 며느리에게 그 날 있었던 일을 모두 말했어요. 며느리는 "어머니, 괜찮아요. 그녀석이 어머니를 먼저 물었잖아요."라고 하더군요. "그래. 하지만 나는 그 녀석을 때리지 않았어야 했어."라고 대답했죠. 며느리와 나는 사이가 좋았고 관계도 편안하고 부드럽습니다. 며느리는 본인도 엄마로서 좌절감을 느낄 때가 있다고 솔직히 말해주더군요.

그 날 저녁 나는 법사스님이 가르쳐주신 마음에 꽃피우기가 생각났어요. 첫째는 꽃에 물을 주는 것이죠. 이것은 듣는 사람이 기분 좋아지게 뭔가를 칭찬하는 것입니다. 둘째는 좋은 결과를 얻기 위해 참회하는 것이죠. 셋째는 비슷한 행동을 다시는 하지 않겠다는 의사를 표현하는 것입니다.

다음날 나는 손자에게 편지를 써서 읽어주었습니다. "아가야, 나는 네가 힘차게 드럼을 연주하면서 음악에 맞춰 노래 부르는 것을 좋아한단다. 나는 너의 드럼 콘서트가 참 즐거워. 그런데 그런 너를 어제 할머니가 때린 것을 참 미안하게 생각해. 앞으로 할머니는 화를 잘 다스리는 수행을 해서 좀 더 부드러워지도록 노력할게. 나는 네가 할머니와 함께 있을 때 편안하기를 바래. 나의 사랑스런 손자야, 할머니는 너를 정말 사랑한단다." 마테우스는 밝게 응답했습니다. "할머니, 한 번만 더 읽어 주세요."

그 다음 주 화요일에 마테우스가 집에 왔을 때 아이가 나에게 부탁하더군요. "할머니께서 화나셨을 때는 저한테 먼저 말씀해 주세요." "그래, 그렇게 할게."라고 나는 대답했습니다. 하지만 간혹 마테우스가 말을 안 들을 때는 나도 좀 화가 납니다. 그럴 때마다 나는 아이에게 "내가 지금 화가 나기 시작하는구나."라고 말하죠. 나는 내가 원하는 것을 어린 손자가 들어줄 것을 기대하고 있었던 거예요. 나에게 통찰력이 생길 때까지 이것을 여러 번 관찰했습니다.

이제 나는 숨을 들이쉬고 내쉬고 하면서 호흡을 고르게

합니다. "안녕하십니까, 나의 분노여. 당신이 거기에 있다는 것을 나는 잘 압니다." 나는 호흡을 가다듬으면서 걷거나 기분이 가라앉을 때까지 앉아서 명상을 합니다.

그렇게 나의 감정이 폭발했던 날로부터 3년이 지났습니다. 그 동안 손자 마테우스가 나에게 몇 번 물어본 적이 있었어요. "할머니, 저 때렸을 때 기억나세요?"

"그럼, 기억나지. 지금은 할머니가 화를 잘 조절하고 있단다."라고 나는 대답했습니다.

우리집 침실에는 높게 솟은 옷장 안에 2개의 쿠션이 놓인 명상 동굴이 있어요. 우리는 그 장 안 벽에 그림을 그려 놓기도 했죠. 그리고 우리는 종을 하나 마련했어요. 필요할 때면 우리 중 누구든지 동굴에 갈 수 있으며, 아무도 우리를 방해할 수 없죠. 나는 나의 화를 알아차리기 위해 최선을 다합니다. 나는 마테우스에게 이렇게 말해요. "할머니는 마음을 진정시키기 위해 동굴에 들어가야겠다." 나는 그 곳에 들어가 앉아서 대략 열 번의 호흡을 합니다. 내가 다시 돌아왔을 때 마테우스는 나에게 미소 짓습니다.

최근에 마테우스를 내 집 침실에 눕혀 하룻밤 재워야 했는데 그때 녀석이 나에게 말했어요. "할머니의 모든 것이 제 마음 안에 있어요." "내가 너의 마음 안에 있어서 너무 행복하구나."라고 나는 대답했죠. 나는 마테우스에게 하나의 소중한 선물을 남겨줄 수 있습니다. 왜냐하면 나는 법사스님들의 가르침을 마음 안에 항상 소중히 간직하고 있기 때문입니다. 틱낫한 스님의 가르침은 우리에게 그 길을 보여주고 계세요.

낯선 사람과 함께 수행하면서 자유를 얻었어요

자넬 콤벨릭

나는 3주 동안 동거한 캐롤과 테이블을 사이에 두고 테라스에 앉아 있습니다. 오렌지색과 흰색의 코스모스, 분홍색 지니아, 푸른 살비아 꽃병이 테이블에 놓여 있고 따뜻한 저녁 바람에 촛불이 타오르고 있습니다. 캐롤과 나는 잠시 동안 눈을 감고 말없이 앉아 있다가 벨을 울립니다. 이것이 우리가 함께 시작한 '마음에 꽃피우기'의 첫 번째 시간입니다.

우리는 마을에 있는 커다란 낡은 집을 함께 임대하고 있어요. 캐롤은 25년 결혼생활의 파탄으로 인해 집을 도망쳐 나왔고, 나는 한 블록 떨어진 곳에 있는 피난처 같았던 어머니 집에서 나왔어요. 우리는 서로 잘 모릅니다. 우리가 함께 이사하기 전에 나는 '마음에 꽃피우기'라고 부르는 수행을 하기 위해 매주 '가정모임'을 갖고 싶다고 캐롤에게 말했죠.

나는 지금 지나간 것을 좋아하고 받아들일 만큼 충분히 성숙했고 나를 잘 알고 있습니다. 나이가 들수록 축복인 것 같아요. 나는 나 자신과 다른 사람들에 대한 기대수준이 매우 높았습니다. 이러한 성격은 편집자로서의 나의 직업에는 축복이었지만 인간관계에서는 저주가 되었죠. 나는 특히 짜증, 상처, 분노 같은 감정들을 억누르는 경향이 있었어요. 나는 누군가의 감정을 상하게 하는 것보다 차라리 나의 감정을 억누르는 것이 낫다고 생각했어요. 싱크대의 더러운 접시, 식탁 위의 잡동사니, 혹은 지저분한 찬장 같은 것이 나를 괴롭히면 나는 그냥 말을 하지 않았어요.

　이사를 하고 캐롤과 함께 살면서 우리 두 사람 사이에 어떤 차이를 해결하려면 뭔가 형식적인 과정이 필요하다는 것을 알게 되었죠. 하지만 이 마음에 꽃피우기 수행과정이 이후 기적을 일으켰고 또 그 자체로도 내 정신수양의 핵심이 된다는 것을 그때까지는 잘 알지 못했습니다.

마음에 꽃피우기는
서로의 삶에 무한한
신뢰와 자비와 사랑을
가져다 줍니다.

캐롤과 내가 뒷마당에 조용히 앉아 있는데 새들이 세레나데를 연주하듯 노래를 부르고 있습니다. 나는 호흡에 집중하면서 해야 할 말은 하고 하지 말아야 할 말은 자제합니다. 깊은 평화가 나를 채웁니다. 수행을 시작합니다.

나는 내가 이해한 대로 네 단계를 종이 한 장에 썼습니다.

1. 마음 꽃에 물주기
2. 참회하기
3. 상처/분노/불평 표현하기
4. 도움 요청하기

첫 번째 단계를 시작합니다. 나는 캐롤을 보며 감정적인 긴장에 맞선 그녀의 용기, 어린 자녀와 성인이 된 자녀에 대한 그녀의 헌신, 그녀의 유머 감각, 그녀가 만든 맛있는 과자, 그녀의 편안한 성격 등등 내가 그녀에 대해 좋아하는 것과 존경하는 것을 말해 주었어요. 나의 말을 듣고 그녀가 기뻐했습니다. 그녀가 나의 긍정적인 씨앗에 물을 주는 차례가 되었을 때 나도 똑같이 느꼈어요. 공개적으로 감사를 받는 것은 멋진 일입니다.

두 번째 단계로 나는 참회를 합니다. 그녀와 함께한 3주 동안의 생활은 아주 매끄럽게 흘러갔지만 내 마음 안의 판사와 배심원은 서서히 나의 온화한 동거인을 여러 가지로 유죄판결 내리고 있었어요. 부엌에 부스러기를 남겨둔 것-유죄, 식기 세척기 잘못 장착한 것-유죄, 아침에 내가 혼자 있고 싶을 때 나에게 말을 건 것-유죄.

물론 이런 사소한 불만은 너무 유치해서 그때 당시에는 그녀에게 아무 말도 하지 못하고 넘어갔습니다. 그녀에 대한 재판은 제 마음속에서만 끝없이 계속되고 있었던 거죠. 지칠 대로 지친 마음이 점점 누적되어 갔어요. 나는 그 자극이 점점 자라나서 나의 감정 표면에 조금씩 더 가까워지는 것을 발견했습니다. 그래서 나는 두 번째 단계의 수행에서 그녀에 대해 매우 비판적인 마음을 가지고 있던 것을 참회했습니다. 이것은 내가 스스로 긴장을 풀기 위한 것이었고, 다른 사람의 습관과 작은 장애를 받아들이면서 살기 위해 고군분투하고 있는 것이었죠. 캐롤은 최근에 그녀가 감정적이었던 것과 설명할 수 없을 만큼 잔인한 전남편에 대한 분노와 눈물의 발작을 너무 자주 일으킨 것에 대해서 참회하더군요.

우리는 아직 서로에 대한 깊은 경청을 완전히 습득하지 못했기 때문에 우리가 이해한 것을 서로 방해하거나 또는 그대로 확신시키려고 애쓰는 면이 있었어요. 나중 단계에서 우리는 꽃 부케를 '말하는 스틱'으로 사용했고 서로 방해하지 않으려고 노력했어요. 하지만 이것은 두 사람이 모두 말하기를 좋아하는 경우에는 힘든 도전이기도 합니다.

세 번째 단계는 정말 어려운 부분이에요. 분노와 상처 그리고 내가 가지고 있는 수백 수천 가지의 혐오스러운 것들을 표현하는 것이죠. 그렇게 하는 것이 당황스럽긴 했지만 적어도 그녀를 당황스럽게 만들지는 않을 부엌과 관련된 몇 가지 걱정거리만 언급했어요. 그녀는 처음에는 눈살을 찌푸렸지만 곧 미소를 지었어요. 그리고 그녀의 차례가 되었어요. 그녀는 내가 아침에 그렇게 심술부리지 않았으면 좋겠다고 말하더군요. 나는 개선할 수 있어요.

네 번째 단계는 우리에게는 아주 쉬운 단계입니다. 나는 좀더 유연하고 편안한 상태에서 도움을 청했고, 그녀는 좀더 조용하고 집중된 상태에서 도움을 요청했죠. 우리는 둘 다 일어서서 빛을 발하면서 포옹했어요. 내가 겪은 45분 동안의 일은 우리의 관계가 우연한 동거에서 영적 우정으로 깊어지는 계기가 되었습니다. 고통스럽고 무서운 것들을 서로

공유하면서 우리 사이에는 신뢰가 형성되었습니다. 이 과정을 거치지 않으면 수 년 간의 시간이 걸렸을지도 모르는 일이었죠.

이제 우리는 서로를 더 잘 이해하기 때문에 서로에게 더 많은 자비를 느낍니다. 캐롤은 내가 요청한 것을 수용하려고 노력했고, 나는 나에게 있는 부정적인 것들을 많이 놓아 버렸어요. 놀랍게도 나는 무언가가 나를 귀찮게 할 때 그것에 대해 능숙하고 편안하게 말할 수 있는 법을 배우기도 했어요.

세 번째의 '마음에 꽃피우기' 시간에는 훨씬 큰 기적이 우리에게 일어났어요. 두 번째 시간이 끝난 후 몇 주가 지났었죠. 우리는 이 수행을 매주 하려고 노력했지만 현실적으로는 그렇게 하질 못했어요. 어느 날 작은 것들에 대한 짜증이 나를 엄습해 왔어요. 그 날 나는 정말 '마음에 꽃피우기'를 해야 했습니다.

　그녀의 차례가 되어 그녀가 시작하고 두 번째 단계에 왔을 때 그녀는 오랜 시간을 망설이더군요. 그런 후 자신이 깊이 후회할 일을 했다고 고백했어요. 일주일 전에 남편의 생일 때 가족들이 그녀만 빼놓고 근처 레스토랑에서 생일축하를 했을 때 그녀는 자살 충동을 느꼈다고 했습니다. 내가 주중에 있는 수행공동체 모임에 참석하는 동안 그녀는 술을 지나치게 많이 마셨다고 했어요. 우리는 어느 누구도 술을 마시지 않았거든요. 캐롤이 마음에 꽃피우기 시간에 눈물을 흘리면서 나에게 이 일을 털어놓았기 때문에 그 사실을 알게 된 거죠.

　캐롤의 말을 듣고 난 후 나의 짜증은 즉시 사라졌고 연민과 부드러운 자비의 에너지가 흘렀습니다. 우리는 이야기를 하면서 서로의 말을 신중하게 듣고 상대방의 마음 치유에 도움을 주려고 노력했어요. 마치 그 과정이 우리를 깊은 지혜의 공간으로 이끌고 간 것처럼 의식의 신성한 공간에서 놀라운 통찰력이 생겨났습니다.

그 후 몇 달이 지났습니다. 우리는 다시 내일 아침에 마음에 꽃피우기를 할 예정이예요. 그동안 다소 태만해져 있었거든요. 며칠 전에 싸웠을 때는 서로 돈을 냈어요. 물론 아주 적은 돈이었죠. 우리는 서로에게 화낸 것을 사과했어요. 지금까지 서로의 태도를 계속 고쳐왔지만 좀 더 깊이 연구하고 싶습니다.

마음에 꽃피우기를 하는 것은 쉽지 않아요. 특히 분노와 상처를 표현하는 법을 배운 적이 없는 사람들에게는 결코 쉽지 않죠. 도전적인 수행이지만 이것은 결코 우리 자신만을 위한 것이 아닙니다. 이 수행은 심오한 결과를 만들어 낸답니다.

틱낫한 스님은 말씀하셨어요. "우리는 우리들 일상의 삶을 살아가야 합니다. 매 순간은 새롭게 시작되는 것입니다. 모든 사람들이 수행을 같이 한다면 미래는 희망이 가득할 거예요. 승가 공동체의 수행 방법들은 우리가 배울 수 있는 가장 중요한 삶의 기술입니다."

낯선 두 사람의 작은 공동체에서 우리는 서로의 기대와 염려, 통제하려는 마음을 깊이 들여다 볼 수 있었어요. 마음에 꽃피우기는 마음챙김을 실천적으로 수행할 수 있는 강력한 수행방법입니다. 그것은 지저분한 부엌과 같은 사소한 일로 내 마음 속의 판사와 배심원을 더 이상 불러내지 않게 하고 우리들 삶에 더 많은 신뢰와 사랑을 가져다 줍니다. 실제로 우리는 마음에 꽃피우기를 통해 언제 어디서나 고요히 걷고 미소 지을 수 있습니다. 그것이 바로 자유입니다!

저자 소개

아름다운 수행자 찬콩 스님

찬콩스님은 선승인 틱낫한 스님으로부터 비구니계를 받은 첫 제자입니다. 스님은 1960년대부터 틱낫한 스님이 이끄는 인도주의적인 사업의 책임자로 활동해 오고 있으며, 1980년대부터 틱낫한 스님을 도와 프랑스 남서부에 플럼빌리지 사원을 건립해 왔고, 오늘날에는 국제 플럼빌리지 승가의 지도자로 자리하고 있습니다.

    찬콩스님은 1938년 남부 베트남의 벤 트레에서 태어났습니다. 논이 많고 코코넛 숲이 무성한 메콩 강 삼각주에 있는 마을에서 스님의 부모님은 자식 아홉 명과 조카 열두 명, 가난한 집안의 여자아이 한 명까지 모두 차별없이 돌보셨다고 합니다. 스님의 아버지는 농부들에게 토지를 임대해 주기도 했는데 가뭄이나 홍수가 있을 때는 임대료를 받지 않았습니다. 또한 농민들이 자신의 땅을 사도록 도와주었으며 때로는 농민들에게 자녀를 부양하도록 돈을 주기도 했습니다.

10대 초반에 찬콩스님은 소매치기를 하려고 하는 어린 소년을 붙잡은 적이 있습니다. 소년은 다른 선택의 여지가 없었다며 그의 어머니는 소년이 빈손으로 집에 올 때마다 때린다고 했습니다. 스님은 빈민가에 있는 소년의 집으로 따라가 보고 이런 가난한 가족을 도울 수 있는 방법을 찾아보기로 결심했습니다. 스님은 따로 부모님에게 돈을 요구하지 않고 부유한 학생들을 가르치면서 기금을 마련했습니다. 그리고 사이공 대학에 입학한 후 인도주의적인 일에 노력을 기울이기 시작했습니다.

1959년 가을 찬콩스님은 한 저명한 불교 승려와 대화를 나누게 되었습니다. 그때 스님에게 법에 대해 많은 질문을 했습니다. 아무 대답도 하지 않던 스님은 대신 찬콩스님이 한 번도 들어 본 적이 없었던 틱낫한 스님의 책을 꺼내 들고

찬콩스님의 젊은 시절

는 "당신의 질문에 대한 대답은 여기에 다 있습니다."라고 말했습니다.

한 달 후 찬콩스님은 사이공에서 가르침을 펴고 있던 틱낫한 스님의 법회에 참석하게 되었습니다. 찬콩스님은 첫 번째 법문에서 큰 감동을 받았습니다. 그처럼 아름답고 심오한 법문을 들어본 적이 없다고 느꼈습니다. 틱낫한 스님은 도움이 필요한 사람들을 도우거나 다른 활동을 하면서도 깨달음을 얻을 수 있다고 했습니다. 단, 모든 일을 마음챙김으로 할 때 말입니다. 틱낫한 스님은 불교가 사회에 많은 기여를 할 수 있다고 믿었고 같은 비전을 가진 사람들을 모아 교육 센터를 설립할 계획을 세웠습니다. 틱낫한 스님은 바로 찬콩스님이 찾고 있던 스승이었습니다.

찬콩스님은 그의 가르침과 격려에 영감을 받아 70명의 법

우들을 모아 조직을 구성했습니다. 그들은 사이공의 가난한 병자를 병원에 데려다 주었고, 성인 문맹퇴치 교실을 열었고, 가난한 어린이들에게 옷을 주고 식당에서 음식을 주었습니다. 그러는 동시에 틱낫한 스님과 함께 불교 공부를 계속했습니다. 1961년 5월부터 9월까지 그녀와 열두 명의 불자들이 스님과 함께 수업을 들었고, 그들은 사회 변화에 헌신하는 '13개의 삼나무'가 되었습니다.

이후 찬콩스님은 틱낫한 스님과 계획한 실험마을에서 일하게 되었습니다. 그녀가 생물학 학위를 마치는 동안 틱낫한 스님은 사회 변화를 이끌기 위해 사회 복지사들을 교육시켜 첫 번째 마을 설립을 주도했고 찬콩스님에게 그곳의 지도자가 되어 달라고 요청했습니다. 이 실험마을에서 찬콩스님과 다른 사회 복지사들은 의료, 원예 및 어린이 보육에 착수했습니다. 사이공의 지식인들은 실험마을의 성공에 주목했고,

그 결과 틱낫한 스님이 사회봉사 청년학교(SYSS) 설립을 발표했을 때 1,000명이 넘는 사람들이 교육을 신청했습니다.

　이러한 성공적인 결과로 인해 진짜로 베트남에 변화가 시작될 것처럼 보였습니다. 그런데 불행하게도 베트남 전쟁이 발발했고 여러 마을들이 훼손되었습니다. 청년학교에서 보수에 나섰지만 마을은 재건과 폭격이 되풀이되었고 좌절감은 노동자들에게 무기를 들게 했습니다.

　그런 가운데서도 찬콩스님은 명상수행으로 그들을 평온하게 만들었습니다. "많은 사람들이 참여불교는 단지 사회봉사이고 분쟁을 멈추게 할 뿐이라고 생각합니다. 하지만 밖에서 전쟁이 멈추는 동시에 당신은 당신 내면의 전쟁도 멈추어야 합니다."

　찬콩스님은 평화는 외부적으로 만들어지는 것보다 마음이 평화로운 상태가 되고 서로 이해하고 사랑하는 것이 더 중요하다는 것을 평생을 통해 배웠습니다. 그 열쇠는 바로 '마음챙김'을 수행하는 것입니다.

틱낫한 스님은 현대에 적합한 부처님의 가장 깊은 가르침으로 스님들에 대한 14개의 새로운 계율을 제정하고 찬콩스님과 사회봉사 청년학교에 다니는 다섯 명의 지도자들을 초대했습니다. 이 여섯 사람은 수계를 받고 틱낫한스님의 봉사와 마음챙김에 전념하는 공동체 '공존의 종단(Interbeing Order)'의 첫 번째 구성원이 되었습니다.

1968년 찬콩스님은 홍콩으로 가는 비행기에 탑승했을 때 단지 5일 동안만 갔다 올 계획이었습니다. 이후 고향에 다시 발을 들여놓기까지 거의 40년이 걸릴 줄은 상상도 못했습니다. 찬콩스님이 출발하기 2년 전인 1966년, 틱낫한 스님도 베트남을 잠시 동안만 떠나 있을 생각을 했습니다. 그러나 워싱턴에서 열린 회의에서 스님은 미국인들에게 폭격을 중단하고 정치적 또는 이데올로기적인 끈과는 상관없이 재건 원조를 무료로 제공할 것을 촉구했습니다. 남쪽 베트남 민족주의 정부는 틱낫한 스님을 반역자로 공포했습니다. 그래서 고국으로 돌아가기에는 너무 위험했기 때문에 스님은 파리로 이주했습니다.

찬콩스님은 베트남에서 여러 불교 지도자들과 개인적으로 만났는데 그들은 만장일치로 틱낫한 스님이 돌아오시면 위험하다고 말했습니다. 틱낫한 스님은 베트남에서 일어나는 일에 대해서 보다 효과적으로 세계에 알리기 위해 찬콩스님에게 중요한 역할을 맡겼습니다.

1969년 1월 찬콩스님은 프랑스에서 스승과 합류했고, 그들은 베트남에서 목소리를 내지 못하는 다수당의 견해를 제시하기 위한 회의를 조직했습니다. 다수당의 사람들은 공산

찬콩스님

주의자도 아니고 반공주의자도 아니었습니다. 그들은 단지 평화를 원할 뿐이었습니다.

찬콩스님은 파리에서 임대한 대표단의 소박한 사무실에서 다양한 사업을 펼쳤습니다. 베트남 고아들을 위한 기금 모금과 프랑스어, 영어 및 베트남어로 뉴스 레터를 제작했으며 유럽과 미국 전역을 여행하면서 즉각적인 휴전의 필요성에 대해 청중에게 강연하기도 했습니다.

마침내 1975년 4월 30일에 전쟁은 종식되었지만 고통은 끝나지 않았습니다. 공산주의 통치로 겁에 질린 난민들은 베트남을 떠나기 위해 모든 위험을 무릅쓰기 시작했습니다. 정부는 탈출을 시도하는 사람들을 붙잡아 투옥하거나 총으로 쐈습니다. 어렵게 바다에 도착하는데 성공했다 하더라도 그들은 보트피플이 되어 바다를 떠돌아 다녀야 했습니다.

찬콩스님의 절망은 극심했습니다. 강간과 강탈과 살인으로부터 동포들을 구하기 위해 그녀가 할 수 있는 일은 아무 것도 없는 것 같았습니다. 그러나 몇 달 간의 명상 끝에 그녀는 행동의 방향을 잡고 구조 사업을 시작했습니다. 찬콩스님은 태국에서 어선을 빌려 어부처럼 차려입고 바다로 나가서 배에 탄 사람들을 '낚아' 왔습니다. 그녀와 그녀의 팀은 난민 보트를 발견할 때마다 그들에게 음식과 연료를 주었고 가장 가까운 난민 캠프로 안내해 주었습니다.

찬콩스님은 인터뷰에서 이렇게 말했습니다. "명상은 나에게 마음 안의 쓰레기와 고통을 자비의 낚시 보트로 바꿔 놓았습니다. 바다에서 해적들과 마주칠 때도 저는 두렵지 않았습니다. 오히려 아름다움의 방향으로 가고 있다는 것을 알고 있었기 때문에 기뻤습니다."

1988년에 찬콩스님은 정식 스님으로 수계식을 받았습니

틱낫한 스님

다. "머리를 깎으면 모든 부속품이 잘려나가죠." 틱낫한 스님이 그녀의 머리를 자르며 말했습니다.

    찬콩스님은 틱낫한 스님의 국제 공동체를 발전시키는 데 중요한 역할을 담당해 왔습니다. 1982년에 그들은 현재 프랑스의 두 개의 목가적 농지인 플럼빌리지로 알려진 곳으로 이전했습니다. 센터의 첫 번째 안거에 동참하기위해 온 107명의 참석자는 나무판자를 침대로, 침낭을 담요로 사용했습니다. 충분한 숫자의 화장실도 없었습니다. 이런 상황을 보고 남자 수행자들이 삽을 들고 두 개의 '전투' 야외 화장실을 팠습니다. 참석자들은 그러한 열악한 조건으로 인해 수행을 미루지 않았습니다. 그 후의 안거에서 참가자 숫자는 기하급수적으로 증가했습니다.

    오늘날 플럼빌리지는 소박하지는 않지만 여전히 심플하

며 전 세계의 사람들이 수행하러 이곳으로 옵니다. 그들은 플럼빌리지 전통의 다른 센터인 캘리포니아의 사슴 공원 수도원, 뉴욕 주에 있는 블루 클리프 수도원, 독일의 유럽 응용 불교 연구소에도 갑니다.

  2005년에 베트남 정부는 틱낫한스님과 찬콩스님이 1960년대 이후 처음으로 고국을 방문할 수 있도록 허락했습니다. 베트남에 있는 동안 그들은 그들의 승가 일원과 함께 고국을 여행했고, 베트남 사람 특히 젊은이들과의 만남을 가졌습니다. 2007년과 2008년에도 방문이 허용되었지만 그 이후로 다시는 환영을 받지 못했습니다. 베트남 정부는 틱낫한스님의 가르침에 끌리는 교육받은 많은 젊은이들에게 위협을 느꼈던 것입니다.

  찬콩스님은 공동체에서 '마음에 꽃피우기' 수행을 지도하는 것으로 널리 알려져 있습니다. 스님이 개척하고 발전시킨 마음챙김 수행은 전 세계의 부부, 가족, 공동체, 직장에 화해와 치유를 가져왔습니다. 이 수행은 4단계 과정으로 자기 자신을 정직하고 깊게 바라보게 하며, 마음챙김을 통해 관계를 소통하는 기회를 줍니다.

찬콩스님이 거주하는 프랑스의 수행센터인 플럼빌리지에서는 2주마다 마음에 꽃피우기를 하는데 필요에 따라서는 개별적으로도 수행합니다. 찬콩스님은 신도들에게 집에서도 수행하라고 조언합니다.

마음에 꽃피우기 외에도 스님은 '완전한 휴식'과 '지구 만지기'에 관해 법문합니다. 완전한 휴식은 앉거나 누워서 수행하며 몸과 마음을 쉴 수 있는 기회를 제공합니다. 틱낫한스님이 개발한 일련의 명상 중 하나인 지구 만지기는 전통적인 불교 절 수행을 기반으로 하고 있습니다. 찬콩스님은

'완전한 휴식' 수행에서 아름다운 노래를 즉흥적으로 하는 훌륭한 재능을 가지고 있습니다. 스님은 방 안에 있는 에너지나 무언가 일어나고 있는 일을 감지하여 살아 있는 법문을 하는 걸로 알려져 있습니다.

틱낫한 스님과 찬콩스님은 한국에도 세 차례 방문하여 마음챙김 수련을 지도했습니다. 1996년에는 탄성스님의 초청으로 공림사에서 첫 번째 수련회를 열었고 이후 2003년, 2013년 두 차례 더 방한하여 마음의 평화에 이르는 길을 일러주었습니다.

찬콩스님은 오늘날까지 50년이 넘는 세월 동안 틱낫한 스님을 도와 수행공동체가 발전하도록 이끈 주요한 원동력으로 인정받고 있습니다. 그러나 찬콩스님은 이미 자신의 능력으로 성취된 스승이시며, 또한 스님의 삶 자체가 살아있는 가르침이라고 할 수 있습니다.

오대산 월정사 수련회, 2013

틱낫한 스님은 '당신이 있는 곳에서 자유로워지라(Be Free Where You Are)'라는 책에서 말씀하셨습니다.

"한 사람은 많은 중생을 도울 수 있습니다. 제 도반인 찬콩 스님은 여러 해 동안 가난한 사람들, 고아들, 배고픈 사람들을 위해 일해 왔습니다. 스님은 수천 명의 사람들을 도왔으며, 스님의 도움으로 많은 사람들이 고통에서 벗어났습니다. 이것은 스님에게도 많은 기쁨을 가져다주었고 스님의 삶에 의미를 주었습니다. 이것은 언제 어디서고 우리 모두에게도 가능한 일입니다."

기쁘고 따뜻한 날,
그대가 피어납니다

차가운 계절이 떠나자 조용히 봄이 왔고, 지금은 벌써 여름입니다. 아름다운 꽃들이 피어났고, 나무들은 저마다 싱그런 옷을 입었습니다.

그런데 지난 봄 어느 날 떠나간 겨울이 갑자기 함박눈으로 찾아온 적이 있습니다. "왜요? 왜 왔나요?" 꽃들이 당황해 하며 묻는 것 같았습니다. 함박눈이 아무 말 없이 꽃들을 포옹하듯 덮었습니다. 눈물 같은 비까지 내리니 제법 영화의 한 장면 같았습니다. 춥고 쌀쌀했던 겨울이 참회하듯 마지막 진눈깨비 눈물을 흘리러 온 것이라는 생각이 들었습니다. "그동안 제가 당신을 꽁꽁 얼게 했습니다. 피어나지 못하게 해서 미안해요." 겨울은 꽃들에게 사과의 말을 전하려 한 것 같았습니다. 유난히 차가운 바람으로 우리를 얼어붙게 만들었던 겨울이 마침내 그렇게 인사를 남기고 떠났습니다. 우리에게 남은 것은 따뜻한 미소 같은 나날입니다.

옮긴이의 글

　이제는 서로를 꽃 피울 시간입니다. 서로에게 꽃이 될 날들입니다. 상대방의 장점을 칭찬하고 작은 일에도 감사하는 마음을 전한다면 상대방은 아름답게 피어날 것입니다. 그때 비로소 알게 될 것입니다. "아, 당신이 꽃이었네요. 당신은 정말 아름답습니다."

　따뜻함이 모든 것을 살려내고 다시 꽃을 피우듯, 우리도 마음 안에 따뜻한 기운을 받아들여 다시 아름답게 피어나야겠습니다. 기쁘고 따뜻한 날들입니다. 그대가 꽃으로 피어납니다. 그대는 꽃입니다.

　찬콩스님의 'beginning anew'를 번역하게 된 것은 저에게 큰 행운이었습니다. 마음속 실타래 같이 무겁고 차가운 덩어리를 솜털처럼 풀어내는 방법을 알게 되었습니다. 찬콩스님께 깊이 감사드립니다. 스님께서는 오랜 전통으로 지금까지 승가에서 행해지고 있는 '포살'을 일반인들이 쉽게 활용할 수 있도록 현대적으로 재구성하여 인간관계의 문제를 해결하도록 도와주고 계십니다.

제가 이 책을 번역하도록 따뜻하게 바람을 불어넣어주신 사유수출판사의 이미현 대표님께도 깊이 감사드립니다. 번역 실력이 전혀 증명되지도 않은 저에게 큰 기회를 주는 엄청난 모험을 하셨습니다. 최선을 다해 번역했지만 혹여 착오가 있다면 전적으로 저의 책임입니다. 이 작은 영어책을 번역하면서 불교의 위대한 역경가들이 얼마나 피나는 노력을 기울였는지 아주 조금은 알 것 같았습니다. 세상의 모든 번역가들에게 경의를 표합니다.

번역을 마치고 나니 감사한 분들이 많이 떠오릅니다. 찬콩스님의 책을 한국에 번역 소개하도록 출판사에 제안해주셨던 송광사 율주 지현 큰스님, 1차 번역물을 꼼꼼히 읽어봐주시고 조언과 격려를 아끼지 않으셨던 호진 큰스님, 물심양면으로 응원을 아끼지 않으셨던 은사 본각스님과 어른스님, 봉녕사 주지스님과 어른스님들께 깊이 감사드립니다.

마지막으로 대학교를 졸업하고 인도유학을 가겠다는 저를 반대하지 않으시고 묵묵히 뒷바라지해주셨던 속가 부모님, 제게 출가를 권유하셨고 수행자가 된 딸을 보고는 눈물을 흘리며 영광이라고 말씀하시던 그분들 덕분에 부족하지만 오늘의 제가 있을 수 있었습니다. 지금은 극락세계에 계신 부모님께도 마음깊이 감사드립니다.

효석 삼배 올립니다

지은이
찬콩스님

1938년 남부 베트남의 벤 트레에서 태어난 찬콩스님은 틱낫한스님으로부터 비구니계를 받은 첫 제자입니다. 10대 때부터 빈민가에서 사회 봉사활동을 시작한 스님은 1959년 영적 스승 틱낫한 스님을 만났습니다. 찬콩스님은 1980년대부터 틱낫한 스님을 도와 프랑스 남서부와 세계 여러 곳에 플럼빌리지 사원을 건립해 왔고 지금까지도 세계 각국에서 명상지도를 하는 국제 플럼빌리지 승가의 지도자입니다.

옮긴이
효석스님

효석스님은 본각스님을 은사로 하여 2007년 직지사에서 사미니계를 수지하고 2012년 구족계를 수지했습니다. 1999년 7월 인도 뿌나대학교 문화인류학 석사 졸업, 2006년 2월 인도 델리대학교 문화인류학 박사 졸업, 2006년 7월 까이발야담 요가 지도자 과정 졸업 및 자격증을 취득했습니다. 현재 비구니 교육기관인 봉녕사승가대학 부교수이며 대한불교조계종 교육아사리에 위촉되었습니다.

그대는 꽃입니다
새로운 시작을 위한 행복한 첫걸음

1판 1쇄 인쇄 | 2018년 6월 18일
1판 1쇄 발행 | 2018년 7월 1일

지은이 | 찬콩스님
옮긴이 | 효석스님

펴낸이 | 이명옥
펴낸곳 | 사유수출판사
만든이 | 이미현 박숙경 유진희

서울시 마포구 서교동 379-4 이가빌딩 104호
대표전화 | 02-336-8910

등록번호 | 2007-3-4
ISBN 979-11-85920-11-8　03220

책 속에 실린 틱낫한 스님의 글씨와 틱낫한 스님, 찬콩스님 사진은
플럼빌리지의 사진들을 사용했습니다.